Bäder

zum Wohlfühlen

Bäder

zum Wohlfühlen

Vinny Lee
Fotos von Chris Everard

Christian Verlag

Für AWJ, meinen Gefährten im Sprudelbad des Lebens

Aus dem Englischen übersetzt und bearbeitet von
Annette Wiethüchter, Berlin
Redaktion und Herstellung: Annika Preyhs, Berlin
Umschlaggestaltung: Caroline Georgiadis

Copyright © 2001 der deutschsprachigen Ausgabe
by Christian Verlag, München
http://www.christian-verlag.de

Die Originalausgabe mit dem Titel *bathrooms* wurde
erstmals 2000 im Verlag Ryland Peters & Small, London,
veröffentlicht.

Copyright © 2000 für den Text: Vinny Lee
Copyright © 2000 für Design und Fotos: Ryland Peters
& Small
Design: Sally Powell
Fotos: Chris Everard
Stylistin: Lucy Gibbons

Druck und Bindung: Toppan Printing Co., Hongkong
Printed in China

Alle deutschsprachigen Rechte vorbehalten

ISBN 3-88472-495-9

Einführung

Beim Baden und Duschen geht es um mehr als schnöde Säuberung. Die Zeit, die man mit dieser Körperpflege verbringt, wirkt auch therapeutisch: belebend auf ermattete Glieder und Gemüter, beruhigend, entspannend. Der Raum, in dem sich diese wohligen Wirkungen entfalten können, gehört zu den intimsten des Hauses, und Ausstattung sowie Gestaltung erhöhen den Genuss seiner Benutzung.

Schon die alten Ägypter, Griechen und Römer zogen das genüssliche Bad dem einfachen Waschen vor. Die Römer bauten große öffentliche Bäder mit Massage- und Dampfbadräumen. Jahrhundertelang waren jedoch die Freuden des Bades in der westlichen Welt verpönt, weil sie eher mit Unzüchtigkeit und Sinnlichkeit in Verbindung gebracht wurden als mit Reinlichkeit und Gesundheit. Die Zeiten haben sich geändert. Heute duschen einige Menschen täglich mehrmals, vor allem im Sommer, um sich zu erfrischen und abzukühlen.

Fließend Wasser und Abwassersysteme wurden ab Ende des 19. Jahrhunderts in allen wohlhabenden Ländern des Westens installiert. Nach Einführung des ersten Gesundheits-gesetzes in Großbritannien zum Beispiel (Public Health Act, 1875) wurden die meisten Häuser sukzessive über öffentliche Leitungen und Pumpanlagen mit sauberem Wasser versorgt, die Abwässer in die Kanalisation abgeleitet und die Körperhygiene als Maßnahme der Gesund-heitsvorsorge anerkannt. Die Häuser der Reichen und die Luxushotels waren zwar mit Badezimmern ausgestattet, aber erst nach dem 2. Weltkrieg wurden statt der Aborte und Waschgelegenheiten im Hinterhof Badezimmer in den Häusern eingebaut und neue Häuser und Wohnungen nicht mehr ohne Innenbad entworfen. Bis dahin hatte man in kleinen tragbaren Metallwannen bis zur Hüfte im Wasser gesessen oder sich im Stehen (meist vor dem warmen Küchenherd) eingeseift und aus einem Krug mit klarem Wasser begossen, um die Seife abzuspülen.

Die frühen Badezimmer waren nüchterne Räume mit Linoleumböden und Fliesen oder anderen wasserdichten Spritzwandverkleidungen hinter der Badewanne. Man badete einmal pro Woche, und das Haarewaschen entwickelte sich zum allgemeinen Freitag-Abend-Ritual. In den schweren Zeiten nach dem Krieg und bis weit in die Fünfzigerjahre galt Warmwasser als teurer Luxus und wurde nur sparsam verwendet. Heute gehört das Badezimmer ganz selbstverständlich in jede Wohnung und jedes Haus, und Sorgen um den Wasserverbrauch macht man sich eher aus ökologischen denn aus finanziellen Gründen. Die Ausstattung wird sorgfältig geplant, Sanitärkeramik, Armaturen und Möbel mit Bedacht ausgewählt. In den Sechzigerjahren führten neue Materialien und ein generell wagemutigerer Gestaltungswille zu neuen Stilen und Farben im Badezimmer.

Eine der vielen neuen Vorstellungen von der Körperhygiene – übernommen von Völkern, die seit eh und je das tägliche Bad praktizieren – besagt, dass man sich dabei nie beeilen, sondern es als ein luxuriöses rituelles »Menü mit mehreren Gängen« in aller Ruhe genießen sollte. Wo immer möglich sollte es auch Anlass zu geselligem Beisammensein geben. In der finnischen Sauna zum Beispiel sitzen oder liegen alle auf Holzbänken und wälzen sich nach den Schwitzgängen draußen im Schnee oder spritzen sich mit kaltem Wasser ab, um die geöffneten Poren wieder zu schließen. Das feuchtheiße Saunaklima wird mit Hilfe eines kleinen Beckens mit glühender Holzkohle erzeugt, die man mit Wasser löscht, dem auch Essenzen wie Eukalyptus oder Pinie beigemischt werden können, sodass der Dampf mit Wohlgerüchen angereichert wird. Auch kann man den Körper mit Birkenreisig abklopfen, das einen zarten Duft verströmt.

Die Verwendung von Wasser mit verschiedenen Temperaturen in Sauna und türkischem Bad geht auf die Römer zurück, die ihre Bäder in Tepidarium, Caldarium und Frigidarium mit drei Wassertemperaturen – lauwarm, heiß und eiskalt – unterteilten, sodass Haut und Kreislauf von Reinigung, wohliger Entspannung und kräftiger Belebung profitierten. Wenn man heute in einer geschlossenen Kabine duscht und die Mischbatterie auf heiß einstellt, genießt man gleichzeitig ein Dampfbad – und nur einen Handgriff weiter die belebenden kalten Güsse, für die die Römer ins Frigidarium wechseln mussten.

1
VORAUSSETZUNGEN

Entwurf und Planung

Ausstattung und Installationen

DIE ERSTEN RICHTIGEN BADEZIMMER KAMEN UM 1860 AUF –

KLEINE, SCHMALE RÄUME, IN DENEN GERADE MAL TOILETTENBECKEN,

BADEWANNE UND WASCHBECKEN PLATZ HATTEN. DIE SCHLICHTE

EINRICHTUNG BESTAND AUS WEISSEN ODER ÉCRUFARBENEN EMAILLE-

WANNEN UND KERAMIKWASCHBECKEN. DAS BAD WAR ALSO AUS-

SCHLIESSLICH ZWECKMÄSSIG UND LIESS SICH NUR IN DEN SELTENSTEN

FÄLLEN VON MEHR ALS EINER PERSON GLEICHZEITIG NUTZEN.

Heute nimmt die Bedeutung des Badezimmers zu und die Planung eines Bades, das alle Bedürfnisse erfüllt, ist eine anspruchsvolle Aufgabe. Natürlich dient es weiterhin in erster Linie dem Baden oder Duschen, kann aber auch als Fitness- und Ankleideraum oder Waschsalon fungieren und sollte dann Platz bieten für Heimtrainer oder Aerobic-Stepper, Schrank, Kommode, Waschmaschine, Trockner – mit allen dazugehörigen Installationen. Im Bad wird Arznei verabreicht, finden Kosmetikbehandlungen statt, hört man – in der Badewanne liegend – Musik, liest ein Buch oder trinkt ein Glas Wein.

Immer mehr Leute leisten sich ein zweites Badezimmer oder eine zusätzliche Waschgelegenheit. Für eine Familie mit Kindern, die morgens zur gleichen Zeit zur Schule müssen wie die Eltern zur Arbeit, ist ein zweites Bad kein Luxus, sondern eine Notwendigkeit, es sei denn, in den Kinderzimmern sind Handwaschbecken installiert. Heute lassen sich Duschen und Toilettenbecken in Schrankräume und Schränke oder in die häufig »verschenkten Räume« unter Treppen einbauen. Auch Bäder mit direktem Zugang zum Schlafzimmer sind beliebt und manche Leute verzichten auf ein Zimmer zugunsten eines geräumigen zweiten Bades.

Ob beim Umbau eines bestehenden Badezimmers, beim Bau eines neuen Bades oder beim Einbau einer zusätzlichen Waschgelegenheit – gute Planung ist unerlässlich. Sorgfalt in diesem Stadium wird später Zeit,

Geld und Kopfschmerzen ersparen. Selbst wenn man einen Architekten oder Innenarchitekten hinzuzieht, muss man wissen, was man mit dem fertigen Raum erreichen will, und das reichhaltige Angebot an Sanitär-keramik, Armaturen, Oberflächen und Badmöbeln kennen, um ausgewogene, begründete Entscheidungen treffen zu können.

Um über die neuesten technischen Entwicklungen auf dem Laufenden zu sein, empfiehlt sich die Lektüre von Fachzeitschriften. Auch Sanitärgeschäfte sind gute Quellen, weil man dort die einzelnen Geräte und Einrichtungsgegenstände »in natura« sehen kann. Badewannen in modernen Formen und allen Größen, Kopfbrausen und Durchlauferhitzer, Fliesen und Platten aus verschiedenen Materialien sowie Badezimmer-leuchten kommen ständig neu auf den Markt. Wenn man Herstellerprospekte sammelt, in denen exakte Maße und Größen angegeben sind, wird man schließlich über einen wertvollen Fundus technischer und gestalterischer Informationen verfügen.

Bei der gesamten Planung und Einrichtung eines Badezimmers sollte auf Sicherheit geachtet werden, denn dort lauern alle möglichen Verletzungsgefahren, zum Beispiel scharfe Gegenstände, brühheißes Wasser, rutschende Matten und harte Flächen.

Entwurf und Planung

Wenn man ein neues Badezimmer plant, ein altes umbauen oder eine Waschgelegenheit etwa in der Garderobe oder im Duschbad schaffen will, sollte man zuerst den verfügbaren Raum ausmessen und dann eine Prioritätenliste erstellen.

Wenn Sie mit Bleistift und Millimeterpapier umgehen können, zeichnen Sie einen Grundriss. Wenn nicht – keine Sorge, viele Badeinrichtungsgeschäfte bieten einen Planungsservice an und werden Sie bei der Auswahl der richtigen Ausstattung für die Größe und Form Ihres Badezimmers beraten. Sie müssen allerdings eine Planskizze des Raums mit eingezeichneten Türen und Fenstern und Maßangaben (Abstände zwischen Tür und Raumecke, Fensterhöhen etc.) mitbringen, sodass der Computer mit genauen Zahlen gefüttert werden kann.

Bei der Gesamtkostenkalkulation müssen neben Installation und Einrichtung auch die Accessoires berücksichtigt werden. Die Ausstattung eines Badezimmers kann eine höchst befriedigende Designaufgabe sein. Da es meistens klein ist, lässt es sich schneller komplett einrichten als ein größeres Zimmer und man kann sich unter Umständen ein gewagteres (vielleicht auch teureres) Design leisten als bei einem großen Wohnraum.

Bedarfsermittlung

Als Nächstes steht die Entscheidung an, was genau Sie benötigen. Handelt es sich um das Hauptbadezimmer oder das Gästebad? Brauchen Sie eine oder mehrere Waschgelegenheiten? Wie viele Personen werden das Badezimmer bzw. Bad und separate Toilette benutzen?

Kinder, Senioren und Körperbehinderte haben besondere Bedürfnisse. Rollstuhlfahrer etwa brauchen mehr Platz und Haltegriffe an verschiedenen Stellen. Wandhängende Wasch- und Toilettenbecken sind für sie auch deshalb günstiger, weil kein Sockel oder Waschtischbein sie »auf Abstand hält«. Rutschfeste Bodenbeläge sind ebenfalls unerlässlich für Kleinkinder oder Senioren, die – noch bzw. wieder – unsicher auf den Beinen sind. Für ältere Menschen, die etwa an Arthritis leiden, ist besonders das Wannen-

Schlichte Formen kommen in leeren Räumen eindrucksvoll zur Wirkung. Diese runde Waschbeckenschale mit Stahlrohr-Zapfventil ist ebenso elegant wie zweckmäßig. Beim Einrichten des Badezimmers sollte man lieber mit wenig beginnen, statt es gleich mit zu vielen Dingen zu füllen.

**Planen Sie genügend
Schränke und Kommoden ein,
damit das Bad immer aufge-
räumt ist. So lassen sich nicht
nur die Oberflächen leichter
reinigen, auch die Schönheit
bleibt erhalten, besonders
bei einem minimalistischen
Design.**

Oben und rechte Seite
**Große Fliesen sorgen für
Großzügigkeit. Sie sind heute
in vielen verschiedenen
Materialien erhältlich, zum
Beispiel auch polierte, von
Natur aus wasserdichte
Schiefer-, Kalkstein- und
Sandsteinplatten, die unpoliert
eher im Außenbereich zum
Einsatz kommen.**

bad eine schwierige Herausforderung, obwohl dessen wärmende und entspannende Wirkung ihnen gut täte. Wannensitze oder Sitzbretter, die man quer über die Wanne legt, sind die billigste, allerdings nicht ideale Lösung, weil sie nur Fußbäder ermöglichen. Besser sind die im Sanitätshandel erhältlichen, natürlich teureren Badesitz- oder Patientenlifter mit mechanischer oder per Handgerät elektrisch gesteuerter Hydraulik. Wirklich seniorengerecht sind neuartige Duschkabinen mit integriertem Sitz, in denen man auch ein Vollbad nehmen kann, weil die Türen wasserdicht schließen und so die Vorderwand einer tiefen Sitzwanne bilden.

Speziell für körperlich behinderte Menschen entworfene Bäder müssen nicht hässlich sein. Die Haltegriffe tun vielleicht doppelten Dienst als Seifenschalen und flache Wannen können sogar elegant wirken und nicht wie Klinikwannen einer geriatrischen Abteilung. Thermostatbatterien lassen sich auf maximal 38 °C oder jede andere Warmwassertemperatur einstellen, die für alte Menschen oder auch Kinder angenehm und nicht zu heiß ist.

Bäder für Kinder und Teenager

Kinder – besonders Babys und Kleinkinder – müssen im Bad warm gehalten werden, daher ist eine gute Heizung wichtig. Der Boden sollte rutschfest sein und die Badewanne möglichst einen integrierten Sitz für Kleinkinder enthalten, damit man diese mühelos einseifen und abduschen kann. Kinderbadewannen sollten stets nur mit wenig Wasser gefüllt werden, damit die Kleinen mit dem Gesicht immer noch über Wasser bleiben, wenn sie einmal ausrutschen und umfallen.

In einem zweistöckigen Haus oder einer Maisonettewohnung ist es wünschenswert, außer dem Bad auf der einen Etage auch noch eine Toilette mit Waschgelegenheit auf der anderen zu haben. Das erspart den Erwachsenen Zeit und Mühe, und Eltern müssen ihre Babys oder Kleinkinder nicht stets und ständig zum Windeln oder »Töpfchentraining« die Treppe hinauf- oder hinuntertragen.

In der Pubertät zeigen sich Teenager höchst ungern nackt und wollen das Bad nicht mehr mit anderen Familienmitgliedern teilen. Außerdem verbringen sie Stunden mit der Körperpflege – im Gegensatz zu ihren Kindertagen, als ihnen das Waschen verhasst war. Um das Badezimmer wieder freizumachen, ließe sich vielleicht eine Duschecke in einem Teenagerzimmer oder anderswo im Haus einbauen.

Fitnesstraining und Meditation

Wenn es groß genug ist, lassen sich im Bad auch Fitnessgeräte aufstellen. Nach schweißtreibendem Training ist es sehr angenehm, wenn man sofort eine erfrischende Dusche oder ein wärmendes Bad nehmen kann. Bodengymnastik oder Aerobic kann man auf einer speziellen Matte ausüben; damit es nicht feucht wird, sollte ein Fitnessgerät mit Elektroteilen in einigem Abstand von den »Wasserquellen« stehen und der Raum gut belüftet werden. Wenn Sie vorhaben, ein solches Gerät in Ihrem Bad zu

installieren, sollten Sie den Hersteller oder Ihren Elektriker fragen, ob das ratsam ist.

Ein schlichtes, einigermaßen geräumiges Badezimmer würde sich auch als Meditations- und Yogaraum anbieten. Nach Beendigung der körperlichen Reinigung könnte eine Zeit der inneren Versenkung wohl tun. Man braucht dazu nur eine Matte, damit man bequemer liegt, oder – bei mehr Platz – einen Futon, vielleicht sogar eine Liege. Wenn man Polster oder Polstermöbel im Bad hat, muss man allerdings stets für gute Durchlüftung sorgen, damit sie nicht schimmeln oder stockfleckig werden.

Wenn Sie davon träumen, ein Schlafzimmer mit anschließendem oder eingebautem Bad zu haben, müssen Sie vielleicht einen Wanddurchbruch zum Bad ausführen lassen oder zum Nebenzimmer, das Sie zum Bad umbauen wollen, oder aber ein Miniaturbad in eine Wandschranknische oder unter einer Treppe einfügen.

Angebot und Qual der Wahl

Wenn Sie sich darüber im Klaren sind, was Sie im Badezimmer unterbringen möchten, sammeln Sie Herstellerkataloge und schauen Sie sich bei Badeinrichtern um, die jede Menge erschwingliche neue technische Geräte, Sanitärkeramik, Armaturen, Möbel und Accessoires anbieten. Auch Whirlpoolwannen und Duschpaneele mit Seitendüsen sind heute leichter zu finden als noch vor einiger Zeit.

Nachdem sie nun das Marktangebot kennen, die Kosten für Anschaffungen und Ausführung sowie das Farbschema festgelegt haben, können Sie mit der Detailplanung beginnen. Besprechen Sie Ihre Pläne – je nach Umfang des Vorhabens – mit Baufirma, Tischler, Elektriker und

Oben **Zwei Waschbecken sind von Vorteil in einem Bad, das regelmäßig von zwei Personen genutzt wird, die sich beide morgens beeilen müssen, um pünktlich zur Arbeit zu kommen.** Der hier gezeigte Doppelwaschtisch kombiniert »harte« mit »weichen« Elementen: Waschschalen aus glänzendem Stahl stehen auf einer Platte aus rötlich-warmem Kirschholz. Die Spritzwand ist aus dem gleichen Holz und die Fußbodendielen harmonieren damit in einem ähnlichen Holz- und Farbton.

Links und rechte Seite links unten **Wo wenig Raum ist, könnte man zum Beispiel eine Dusche über einer Badewanne installieren oder ein Toilettenbecken mit Bidetbrause versehen.** Ein wandmontiertes Zapfventil würde das Haarewaschen am Waschbecken erleichtern.
Rechte Seite oben **Solange niemand von außen in Ihr Badezimmer blicken kann, brauchen Sie Vorhänge oder Jalousien nur bei Dunkelheit, um sich selbst das Gefühl von Intimität zu geben.** Wenn das Badezimmerfenster jedoch eine schöne Aussicht bietet, nutzen Sie sie voll aus! Hier dient die verspiegelte Duschkabinenwand dazu, das fantastische Panorama von New Yorks Skyline zu vervielfachen.
Rechte Seite rechts unten **Bäder mit direktem Zugang zum Schlafzimmer werden immer beliebter, weil man vom Baden zum Anziehen (und umgekehrt) nicht erst durch den Flur gehen muss.**

Installateur und fordern Sie Kostenvoranschläge an. Was den Designstil und die Formen der Badezimmereinrichtung angeht, so ist von klassisch bis ultramodern alles zu haben: von Ablagen und versenkbaren Schminkkonsolen bis zu winzigen Handwaschbecken für die Gästetoilette, von Reproduktionen alter Klosetts mit hoch an der Wand hängenden Spülkästen und Metallkettenzug bis zu stromlinienförmigen wandhängenden Becken mit Spülkasten in der Fliesenwand. Badewannen gibt es in verschiedenen Materialien (von Acryl bis Chromstahl) und Formen (vom klassischen Zuber mit Löwentatzen bis zur taillierten Einbauwanne oder plastisch geformten Eckwanne).

Lassen Sie sich durch die große Auswahl nicht verwirren und sortieren Sie sofort alles aus, was nicht hundertprozentig überzeugt. Machen Sie sich Notizen über die Vorteile der Objekte, die Ihnen gefallen. Finanzielle und räumliche Einschränkungen werden weiter dazu beitragen, die Auswahl zu reduzieren. Prüfen Sie die Größe und Abmessungen jedes Teils genau. Eine Eckbadewanne spart Platz, so denkt man, in Wirklichkeit beansprucht sie jedoch mehr Raum als eine Standardwanne. In einigen Fällen ist die Innenform ebenso geräumig wie bei einer gewöhnlichen länglichen Wanne, aber der vorne runde, die Raumecke ausfüllende breitere Wannenrand sorgt dafür, dass sie effektiv mehr Raum beansprucht.

Die Angebote umfassen nicht nur eine Fülle von Stilen, Farben und Oberflächenmaterialien, sondern auch technische Innovationen wie Chemie-WCs (Fäkalienzerkleinerer) und kleinkalibrige Pumpsysteme. Man findet die technischen Einzelheiten vielleicht verwirrend und muss daher die Prospekte zu Hause studieren oder sich vom Fachmann beraten lassen.

Oben **In einem großen Wohnbad treten die Sanitärelemente optisch zurück, wenn die Wände farbig gestrichen und die Bodenbeläge strukturiert sind. Diese klassischen Waschtische mit geschwungenen Einfassungen auf Säulen harmonieren mit der antiken Kommode, dem Ring-Handtuchhalter und den kreisrunden Spiegeln.**
Rechts **Wie man sieht, machen einige alte Waschtische ihrem Namen alle Ehre.**

Andererseits sollte man sich darüber im Klaren sein: je mehr technische Geräte, desto mehr Fehlerquellen und potenzielle Ausfälle! In einem Bad, in dem alle elektrischen Geräte gesichert eingebaut und Leitungen unter Putz verlegt sind, könnte es außerdem schwierig werden, an die Reparaturstellen heranzukommen.

Chemietoiletten sind im Allgemeinen zuverlässig, dennoch sollte man auch noch ein WC mit normaler Wasserspülung behalten, das an die Hauptabwasserleitung angeschlossen ist. Der Fäkalienzerkleinerer ist ideal als Zweittoilette oder Notbehelf, allerdings muss darauf geachtet werden, dass man keinerlei sonstige Abfälle hineinwirft, weil er an kleinkalibrige Rohre angeschlossen wird, die den Abfluss einschränken. Die Hersteller dieser Geräte weisen daher darauf hin, dass sie außer Fäkalien nur kleine Mengen Toilettenpapier zersetzen können und es ansonsten zur Verstopfung kommt. Die kleinkalibrige Pumpe befördert die verflüssigten Ausscheidungen im Durchschnitt bis zu 50 Meter waagerecht und 4 Meter senkrecht. Das erlaubt den Einbau von Toiletten- und Handwaschbecken sowie Dusche in kleinste Räume, etwa unter der Dachschräge in umgebauten Dachböden und in verschenkten Ecken, die das Fallrohrsystem des Hauses nicht erreicht.

Die technischen Neuerungen betreffen nicht nur die Fäkalienentsorgung, sondern auch die Wasserdruckstärke der Dusche. An Wasserrohre und Heizungen kann man Pumpen anschließen, um sicherzustellen, dass die Duschbrausen in Dachwohnungen nicht nur tröpfeln.

Größenordnungen

Um den wachsenden Bedarf an Sanitärkeramik und Badmöbeln für kleinere Nasszellen zu befriedigen, haben die Hersteller Einrichtungssysteme für Miniaturbäder entwickelt. So gibt es kleine, aber tiefe Wannen, dreieckige Duschkabinen für Raumecken oder zylindrische Duschkabinen mit integrierten Ablagen.

In jedem Minibad ist eine adäquate Be- und Entlüftung unerlässlich, da der Wasserdampf sonst nicht schnell genug abzieht und eine hohe Luftfeuchtigkeit auf Dauer Schäden verursacht (Schimmel!).

Es gibt viele Tricks, mit denen man kostbare Zentimeter einspart. Zum Beispiel lässt sich die Badezimmertür so anschlagen, dass sie nach außen öffnet statt nach innen. Dafür muss allerdings der Flur oder der Treppenabsatz breit genug sein, damit die geöffnete Tür nicht den Durchgang versperrt. Ein Waschbecken lässt sich so montieren, dass es ein Stück über dem Badewannenrand hängt. Bei Wannen mit den Armaturen am Kopfende sollte es mit diesem Ende überlappen, damit Badende nicht mit dem Kopf an die Armaturen stoßen können. Das Fußende einer Wanne ließe sich auch unter eine Dach- oder Treppenschräge schieben, damit der Raum voll ausgenutzt wird und Badende trotzdem am Kopfende stehen können. Ähnlich könnte man bei der Toilette Spülkasten und Rohre so weit unter eine Dachschräge schieben, dass man noch an das Becken herangehen kann, ohne sich bücken zu müssen.

Durch Einbau eines wandmontierten Waschbeckens ohne Unterschrank gewinnt man wertvolle Zentimeter zu beiden Seiten. Hinter einer Tür angebrachte Keramikbecken sollten abgerundet sein, damit die Tür nicht hart auf deren Kante schlagen und sie beschädigen kann. Waschbecken in der Garderobe oder im Gästezimmer müssen – da sie nur zum Händewaschen oder Zähneputzen benutzt werden – auch nicht groß sein.

Eine sorgfältige, detaillierte Planung ist allerdings auch bei einem geräumigen Badezimmer erforderlich. Wenn zwei Bewohner es zur gleichen Zeit benutzen müssen, ist ein Doppelwaschtisch angebracht, und die Utensilien und Kosmetika, die jede Person ständig benötigt, lassen sich in separaten Unterschränken unter jedem Becken unterbringen.

Dieses altmodische Wasserklosett mit Spülkasten hoch an der Wand sieht antik aus. Passend dazu wurden die Wände holzgetäfelt und einfarbig hell gestrichen, der Boden mit Holzdielen belegt. Der klassische Rippenradiator dient zugleich als Handtuchhalter.

Vielleicht möchten Sie den verfügbaren großen Raum in zwei oder mehrere Funktionsbereiche unterteilen, ein Vorhaben, das sich schon durch die Platzierung der Beleuchtungskörper ohne nennenswerten Aufwand verwirklichen lässt. Alternativ erreicht man dieses Ziel mit Trennwänden oder Raumteilerregalen. Die Badewanne kann man zum Beispiel auf drei Seiten mit einer offenen Fachwerkwand einrahmen, die man hübsch dekoriert, sodass ein gemütlicher, ansprechender Raum im Raum entsteht. Zwischen Waschbecken und Badewanne lässt sich eine Glasbausteinwand einziehen, die lichtdurchlässig ist und dennoch abschirmt. Glatte Glasbausteine haben eine wasserähnliche Oberfläche und sind robust, ohne massiv zu wirken.

Wenn Sie keine festen Trennwände einbauen möchten oder dürfen, genügt ein einfacher Paravent oder ein dekorativer Duschvorhang, um kleinere Bereiche abzuteilen. Leichtbauwände oder Gleitschiebetüren sind beliebte Mittel zur Unterteilung großer Räume. Die eine Seite dient häufig als Spritzwand der Dusche, während die Badewanne auf der anderen Seite installiert wird, sodass beide voreinander Sichtschutz genießen. Diese Gestaltung kann vor allem in minimalistischen Badezimmern und Nasszellen, deren Wände in einer einzigen Farbe gestrichen oder mit nur einem Material verkleidet sind, besonders effektvoll wirken.

In einem großen Bad versteckt man Toilettenbecken und Bidet am besten in einer gut ventilierten, weitgehend geschlossenen Nische. Auch ein Schrank ist als Raumteiler geeignet und fällt gar nicht auf, wenn er genauso gestrichen oder verkleidet ist wie die Wände. Oder man zieht eine hüfthohe Mauer ein, die man als Ablage nutzen kann.

Am effizientesten ordnet man in einem schmalen Badezimmer mit Tür in der Stirnseite die Sanitärobjekte linear an: die Badewanne in der am weitesten von der Tür entfernten Ecke an der Seitenwand, daneben an der zweiten Stirnwand das Toilettenbecken, das Waschbecken am Fußende der Badewanne. Das ist zwar die konventionellste Art der Einrichtung, sie lässt sich aber – wenn der Platz reicht – abwechslungsreicher gestalten durch Einziehen einer halbhohen Trenn- und Spritzwand zwischen Badewanne und Waschbecken, die auch als zusätzliche Stellfläche dient. Mit einer

Linke Seite **Drei Ansichten desselben Badezimmers zeigen, dass sorgfältig platzierte kreisrunde Wandöffnungen und Spiegel sowie Leuchten und Accessoires reizvolle Kontrapunkte zu den kantigen Kastenformen von Badewanne, Waschkommode und Duschzellenwand setzen können.**
Unten **In diesen Bädern werden die kantig-eckigen Elemente dagegen durch rechteckige Spiegel, breite Lamellenjalousie, Lattenholzrost vor der Wanne und gerade Handtuchhalter betont.**

weiteren niedrigen Mauer lässt sich die Toilette von der Wanne trennen, sodass drei halbseparate Bereiche entstehen.

Einbau eines Sanitärbereichs in vorhandene Räume

Einige Hausbesitzer lassen Badezimmer mit Toiletten auch in Räume einbauen, die für andere Zwecke genutzt wurden, etwa in eine Waschküche. Diese ist bereits gegen Feuchtigkeit, überfließendes Wasser und Temperaturschwankungen isoliert und enthält alle für ein Bad benötigten Strom-, Wasser- und Abwasseranschlüsse. Die Vorteile der Gruppierung von Waschmaschine und Sanitärbereich liegen auf der Hand.

Wenn man eine Garderobe mit Gästetoilette in der Nähe von Küche und Essplatz plant, ist in den meisten Ländern baurechtlich aus Sicherheits- und Hygienegründen eine gut durchlüftete Diele mit einer Tür zur Toilette und einer Tür zum Küchen- und Essbereich erforderlich.

Eine gut funktionierende Ventilation ist auch in einem Bad unabdingbar, das zusätzlich als Ankleidezimmer dient oder in dem man Frottee- tücher und Bettwäsche aufbewahrt. Damit diese nicht durch Feuchtigkeit stockfleckig werden, muss der Raum stets gut durchlüftet sein. Häufig befinden sich die Ankleidezimmer direkt neben dem Bad, woraus man den unerwarteten Nutzen ziehen kann, zerknitterte Kleidungsstücke aus Samt oder Seide im Badezimmerdampf aushängen und sich glätten zu lassen.

Weitere praktische Überlegungen

In der frühen Planungsphase sollte man weitere wichtige praktische Aspekte bedenken. Wenn man zum Beispiel in einem oberen Geschoss eine gusseiserne Badewanne installieren möchte, muss man vom Bauunternehmer oder Architekten abklären lassen, ob die Geschossdecke ihr Eigengewicht samt Wasserfüllmenge und Körpergewicht des Badenden trägt. Wenn darüber Zweifel bestehen, sollten eventuell die Deckenträger des darunter liegenden Raums verstärkt werden.

Wenn man eine Nasszelle einrichten möchte, das heißt eine bodengleiche Dusche mit leichtem Bodengefälle und einem einzigen Wasserabfluss, muss sichergestellt sein, dass das Gewicht von Estrich und Fliesen die Geschossdecke nicht über Gebühr belastet, besonders wenn man etwa schwere Schieferplatten verlegen möchte.

Vor dem Einbau einer Nasszelle muss man sich vergewissern, dass sich Wände, Boden und Decke wasserdicht versiegeln lassen und das Wasser, ohne Pfützen zu hinterlassen, vollständig über den zentralen Ausguss abfließen kann. Das wird in einem Obergeschoss unter Umständen schwierig sein, es sei denn, man konstruiert einen erhöhten Boden, unter dem die Abflussleitungen dann mit dem richtigen Gefälle verlegt werden können.

Die Versetzung vorhandener Objekte und Armaturen kann teurer werden als der Einbau von neuen, weil sie erst den Ausbau und dann den erneuten Einbau erfordert und außerdem die Versiegelung und/oder Neuverlegung von Leitungen. Sie sollten die Kosten dafür also in Ihrem Budget mit veranschlagen. Außerdem müssen Sie darauf vorbereitet sein, eine Zeit lang ohne Badezimmer auskommen zu müssen.

Bei der Auswahl der verschiedenen Einrichtungsgegenstände für Ihr Badezimmer und der Entscheidung über deren Anordnung dürfen Sie den späteren Putzaufwand und die Abnutzung nicht vergessen. Eines der modernen wandhängenden Toilettenbecken mit Spülkasten in der Wand ist in dieser Hinsicht besonders für Familien sehr praktisch, da man nur den Fußboden darunter wischen muss und sich kein Schmutz in der Ritze zwischen Sockel und Fliesen oder auf dem Spülkasten sammeln kann. Dabei muss man darauf achten, dass dieser im Reparaturfall durch ein herausnehmbares Feld in der Fliesenwand leicht zugänglich ist. Empfindlichere Objekte wie Glaswaschbecken oder Messingwannen sind eigentlich nur für das Elternbad geeignet, wo sie pfleglicher behandelt werden als im Bad der Kinder.

Überlegen Sie sich, ob Sie gerne ein Bad mit verschiedenen Ebenen hätten. Wenn die Badewanne eine Stufe höher auf einem Podest steht, wirkt das großzügig und das Podest macht sich vielleicht sogar als Verblendung hässlicher Rohre nützlich. Eine »versenkte« Badewanne muss also nicht in den Fußboden eingelassen werden, man kann diesen auch bis unter den Wannenrand erhöhen. So bekommt ein altes Bad ein neues Gesicht, ohne dass die Wanne ersetzt oder versetzt und neu angeschlossen werden müsste.

Oben **Die Oberflächenmaterialien sollten sorgfältig ausgewählt werden. Vor allem müssen sie wasserdicht und unempfindlich gegen Temperaturschwankungen und hohe Luftfeuchtigkeit sein. Naturstein erfüllt diese Anforderungen und eignet sich als Bodenbelag, der – mit Fußbodenheizung versehen – auch bloßen Füßen angenehm ist.**
Rechts **Steinkanten und -ecken sollten abgerundet werden, damit man sich an ihnen nicht stoßen kann. Das gilt besonders für Ablagen und Beckenränder.**

Gewöhnliche Baumaterialien lassen sich im Bad auf ungewöhnliche Weise effektvoll einsetzen. Die Fotos zeigen üblicherweise zur Deckung von Schuppen und Lagerhallen verwendete Wellkunststofftafeln als Spritzwand und Badewannenverkleidung.

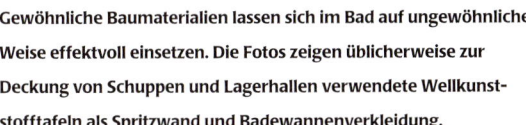

Ausstattung und Installationen

Wenn der Grundriss »steht«, müssen die Klempner- und Elektroarbeiten in Angriff genommen werden. Man braucht kein Fachmann auf diesen Gebieten zu sein, Kenntnisse über das Für und Wider verschiedener Geräte und die wichtigsten Sicherheitsauflagen wären jedoch von Vorteil.

Das Wissen um mögliche Probleme spart unter Umständen Zeit und Geld. Man sollte daher von vornherein mit Verzögerungen aufgrund unvorhergesehener Schwierigkeiten rechnen – wenn der Fliesenleger zum Beispiel warten muss, bis die Stromleitungen unter Putz sind, oder der Klempner die Armaturen installieren will, das Waschbecken aber erst zwei Wochen später geliefert werden kann. Die Lieferung und Installation aller Teile so zu organisieren, dass alles wie am Schnürchen läuft, ist ein hochkompliziertes Puzzlespiel.

Bei der Platzierung der Einzelteile muss man nicht nur auf die Fläche, sondern auch auf die Höhen im Verhältnis zur Körpergröße der Benutzer achten. Für große Menschen zum Beispiel müssen Waschbecken und Ablagen höher sein als die Standardhöhe von 90 cm und entweder an der Wand montiert oder mittels eines zusätzlichen Sockels erhöht werden.

Man sollte sich genau überlegen, wie die Schrank- und Duschkabinentüren anzuschlagen sind, damit man leicht an die Schrankinhalte herankommt und die Türen sich beim Öffnen nicht »in die Quere kommen« und womöglich noch Unfälle provozieren. Wenn Sie hier Probleme befürchten,

Linke Seite **Die moderne Stahlwaschkonsole mit flacher Mulde sowie Wandarmatur und Spiegelwand sind Sonderanfertigungen für dieses Badezimmer. Sie wurden mit klassischen Elementen kombiniert: Pietra-Santa-Marmorfußboden und Vergrößerungsspiegel aus den Dreißigerjahren, den die Besitzer auf dem Trödel erstanden.**

Links oben und rechts **Ein schlichtes gebogenes Rohr ist als Zapfventil seitlich vom Becken (statt dahinter) in die Oberfläche dieser breiten, kastenförmigen Waschkonsole gesetzt.**
Links unten **Auch in diesem winzigen Toiletten- und Waschraum ist das Zapfventil seitlich am Waschbecken angebracht.**

fragen Sie noch einmal beim Hersteller nach, ob er eine Duschkabine mit einer auf der anderen Seite angeschlagenen Tür anbietet, und wenn nicht, den Tischler, ob er die Tür umhängen kann.

Grundwissen im Bereich der Sanitärtechnik und einige Fachwörter werden Sie in die Lage versetzen, beim Kauf von Armaturen und anderen Ausstattungsstücken die richtigen Fragen zu stellen und gegenüber den Installateuren mit einiger Autorität aufzutreten. Haben Sie keine Angst,

Oben Der Einbau von Wandarmaturen in die Fliesenwand über einem Waschbecken erfordert große Präzision und professionelle Erfahrung.
Rechts Stahl galt lange Zeit als Industriematerial und wurde meist in Werkstoiletten oder Kasernenbädern eingesetzt. Zu Beginn des 21. Jahrhunderts gilt es zunehmend als praktisches, edles Material für die Privatwohnung.

Fragen zu stellen, und vergewissern Sie sich, dass Sie genau verstanden haben, was vereinbart wurde, bevor Sie Anzahlungen leisten.

Sicherheit

Jede Arbeit an Wasserleitungen und Stromnetzen erfordert einen erfahrenen Handwerker, vorzugsweise von einer zuverlässigen Firma. Verwenden Sie nur Lampen und Geräte, die speziell für Badezimmer und Duschräume entwickelt wurden. Hochspannungslampen sollten mittels einer Zugschnur oder eines außerhalb des Badezimmers angebrachten Schalters zu bedienen sein, damit nasse Hände keinen Kontakt mit den unter Strom stehenden Beleuchtungskörpern haben können. Glühbirnen sollten in versiegelten Lampen gegen Dampf und Kondensationswasser geschützt sein. Standardsteckdosen für Föhn, elektrische Brennschere etc. dürften im Badezimmer nicht installiert (und die Geräte dort nicht benutzt) werden, sondern nur die für Rasierer und ähnliche Apparate zugelassenen Steckdosen.

Eine in einem Schlafzimmer installierte Duschkabine muss mindestens 2,5 Meter von allen Steckdosen entfernt sein. Metallteile – Armaturen, Leitungen, Heizkörper etc. – stellen Sicherheitsrisiken dar (sollten sie aufgrund unglücklicher Umstände unter Strom gesetzt werden) und müssen daher auf jeden Fall geerdet werden.

Klempnerarbeiten

Auch die Klempnerarbeiten sollten von einer Firma ausgeführt werden. Undichte Leitungen, nicht fachgerecht montierte Ablaufventile oder schlechte Lötungen können zu Rohrbrüchen führen, die Wände und Böden durchweichen und schlimmstenfalls so verrotten lassen, dass sie ganz ausgewechselt werden müssen.

In Neubauten werden in Deutschland und den meisten Ländern Europas alle elektrischen Kabel und die Wasserleitungen in der Wand unter Putz bzw. Fliesen verlegt. In Altbauten sollten bei der Neuausstattung von Bädern frei liegende Rohre zumindest isoliert, besser noch verschalt und am besten mit vorgesetzten Fliesenwänden verkleidet werden.

Neuerdings sind mitten im Raum frei stehende Badewannen große Mode. Dafür muss man natürlich die Zu- und Abflussrohre von der Hauptsteigeleitung und dem Hauptfallrohr in der Wand bis zum Wannenanschluss im Fußboden verlegen, was im Altbau wiederum das Hochnehmen des Fußbodenbelags und zusätzliche Wärme- und Feuchtigkeitsisolierung unter und über den Leitungen im Boden erforderlich macht. Wenn man schon einmal dabei ist, könnte man gleich das ganze Badezimmer mit Fußbodenheizung ausstatten.

Wenn Sie eine Whirlpool-Wanne anschaffen möchten, achten Sie darauf, dass der Klempner starre Rohrleitungen einbaut, da flexible Rohrsysteme häufig durchhängen und stehendes Schmutzwasser sammeln, das beim nächsten Wassereinlauf wieder in die Wanne zurückgepumpt wird und, wenn sie längere Zeit nicht gebraucht wird, zu stinken beginnt.

Rechts und rechte Seite

Versuchen Sie aus der Fülle der lieferbaren Armaturen ein Design zu wählen, das nicht nur zu den Keramikteilen passt, sondern auch gut in der Hand liegt bzw. sich leicht handhaben lässt. Die Zapfventile, Abläufe und Stöpsel werden auch an verschiedenen Stellen angebracht. Wenn Sie die Mischbatterie nicht an der üblichen Stelle in der Mitte des hinteren Beckenrands haben wollen, müssen Sie darauf achten, dass der Wasserstrahl aus dem Zapfventil ziemlich genau in den Abfluss zielt, damit es nicht allzu sehr spritzt.

Wenn Sie eine antike Badewanne oder ein altes Wasch-becken installieren lassen wollen, prüfen Sie erst, ob sie Überläufe haben, denn einige antike Modelle wurden von Hand gefüllt und leer geschöpft. Wenn Überläufe fehlen, kann man sie noch einarbeiten lassen, bevor Wanne oder Becken installiert werden.

Fliesen und Abdichtung

Wasser bahnt sich stets seinen Weg, auch durch kleinste Risse und Löcher, deshalb muss man alle Flächen und Bereiche versiegeln, in denen viel mit Wasser gespritzt wird. Wenn ständig auch nur geringste Mengen Wasser an der Wand hinter der Badewanne, dem Wasch- oder Toilettenbecken hinunter in einen Holzdielenboden tröpfeln, wird er mit der Zeit verrotten.

Es sind zahlreiche Fugenabdichtmassen auf dem Markt, einige in Tuben oder Spritzen zum sofortigen Auftragen, die meisten auch in den Farben der lieferbaren Standard-fliesen. Wenn die exakte Farbe nicht erhältlich ist, kann man es mit transparentem Fugenabdichter versuchen. Gummiartige Dichtstoffe sind »nachgiebig« und daher in bestimmten Situationen von Vorteil: Wenn jemand in die Wanne steigt, gibt diese vielleicht unter dem Gewicht von Wasser und Körper um Bruchteile von Millimetern nach und kehrt nach Entleerung zur Ausgangsform zurück. Das

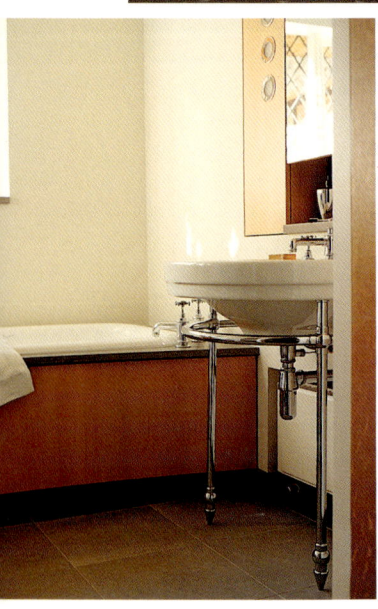

Oben **Handwaschbecken können auch in eine Art Arbeitsplatte eingelassen bzw. dicht anschließend darunter montiert werden**, sodass sich die Ablage leicht reinigen lässt. In einem kleinen Bad gewinnt man dadurch Raum für Einbauschränke unter und neben dem Becken.

Links **Klassische Waschbecken sind häufig mit einem Chromgestell mit umlaufendem Handtuchhalter lieferbar.**

genügt, um eine feste Dichtmasse wie Injektionsmörtel zwischen Wanne und Wand auf Dauer zu zerbröckeln. Eine schwere, vielleicht gusseiserne Wanne wird nicht selbst nachgeben, dafür aber der Fußboden, besonders Holzdielen – und das Ergebnis ist dasselbe.

Die Wände vieler alter Häuser sind weder vollkommen eben noch lotrecht, was beim Fliesen großer Flächen Probleme bereiten kann. Wenn man die Fliesen nämlich, in der unteren Ecke beginnend, in Reihen anklebt, wird man feststellen, dass diese immer unregelmäßiger werden. Deshalb sollte man in der Mitte der Wand anfangen, sich nach allen Seiten bis zu den Ecken vorarbeiten und dabei Wasserwaage und Lot benutzen, statt sich nach Scheuerleiste oder Wandkante zu richten. An den Rändern und in den Ecken muss man dann wahrscheinlich schmale Fliesenstreifen zum Ausfüllen benutzen. Dort fallen sie auch weniger auf als in der Mitte. Der Einbau einer Duschkabine sollte keine Sorgen bereiten, denn viele Hersteller produzieren Kabinen mit breiten Gummiabdichtungen, die kleinere Unregelmäßigkeiten ausgleichen.

Unten und kleines Bild **Badewannen-armaturen gibt es für Wannenrand- oder Wandmontage.**

Rechts außen **Dieser klassische Stöpsel passt genau in die Einfassung des Überlaufs, der bei einigen Modellen am Fußende, bei anderen in der Mitte der Seitenwand angebracht ist.**

Wenn Sie kein Talent zum Heimwerker haben, überlassen Sie die Montage von Seifenschalen, Spiegeln, Zahnbürsten- und Handtuch-haltern lieber einem Profi, vor allem wenn die Wände gefliest oder mit Sicherheitsglas oder empfindlichem Marmor verkleidet sind. Zum Durchbohren solcher spröden Materialien muss man Diamantbohrköpfe verwenden. Das ist eine heikle, zeitraubende Arbeit – noch aufwendiger wäre allerdings die Reparatur bzw. das Auswechseln von gesprungenen oder zerkratzten Oberflächen.

Wasserenthärter

Diese Geräte sind zwar nicht neu, inzwischen aber viel kleiner als die ersten fest installierbaren Wasserfilter. Ob man einen benötigt, hängt vom Härtegrad des Wassers ab, das die örtlichen Stadtwerke liefern. Hartes Wasser enthält große Mengen Kalk- und Magnesiumsalze, die sich lösen,

wenn Regenwasser durch Gestein sickert. Im Wasser sieht man sie nicht, sie bleiben aber nach Erhitzen von Wasser als Kalkablagerungen zurück. Hartes Wasser ist zwar nicht gesundheitsschädlich, aber die Kalkablagerungen reduzieren die Leistungskraft von Heizsystemen und Geräten wie Wasch-maschinen und verursachen höhere Betriebskosten. Außerdem verbraucht man bei hartem Wasser mehr Seife, Shampoo und Badegel, wenn man auf üppigen Schaum Wert legt.

Kalkablagerungen verstopfen Duschbrauseköpfe, bilden hässliche Flecken auf Emaille oder Keramik in Bade- und Duschwannen und zer-fressen die Legierung von Armaturen, unter Umständen sogar einen ganz neuen, mit Messing beschichteten Röhrenradiator (Frotteetuchhalter) inner-halb von sechs Wochen nach der Installation. Wasserfilter sorgen nicht nur für weiches, hautfreundlicheres Wasser – das besonders die exzematöse Haut schont -, sondern ersparen auch den Weichspüler für die Wäsche.

Ein Wasserfilter trägt dazu bei, die Lebensdauer von Geräten und Einrichtungsstücken wie Toilettenbecken, Geschirrspüler, Waschmaschinen zu verlängern. Statt vieler kleiner Filter an jedem Kaltwasserhahn empfiehlt sich ein großer Filter am Hauptanschluss. Die Geräte arbeiten mit Ionenaustausch in einem Styrolharzkörper, der die harten Kalzium- und Magnesiumionen im durchströmenden Kaltwasser durch Natrium-

Unten links **Form und Stil der Armaturen sollten mit der Gesamteinrichtung des Bades harmonieren. Eine schlichte Röhre als Wasserhahn passt zum Beispiel gut zu einem modernen eckigen Becken aus Stahl, Naturstein oder Glas.**
Unten und rechte Seite **Ein gebogener Wasserhahn bildet eine elegante Ergänzung sowohl klassischer als auch moderner Formen. Auch das Material bzw. die Materialzusammenstellung ist wichtig – ob Chrom, Messing oder Nickel.**

ionen (in Kochsalz enthalten) ersetzt. Da das Filtersystem auf Salzlösung basiert, muss man regelmäßig Spezialsalz nachfüllen. Der Nachteil einiger Geräte besteht darin, dass sie zu viel Salz im Wasser belassen, sodass es sich nicht mehr als Trinkwasser eignet.

Es gibt auch elektronische Vorrichtungen, die das Wasser »konditionieren«, ohne damit in Berührung zu kommen. Zwar entkalken sie das Wasser nicht, verhindern aber die Kalkablagerung. Andere Geräte tun das Gleiche auf der Basis von Radiowellen. Computerisierte Enthärter arbeiten mit modulierten Tonfrequenzen, welche die elektrischen und physikalischen Eigenschaften der Kalkmoleküle verändern, sodass sie nicht mehr miteinander verklumpen. Wiederum andere Geräte verwenden Magneten.

2

STILE UND RÄUME

BADEINRICHTUNGSSTILE VERÄNDERN SICH NUR LANGSAM, SIND ALSO LÄNGST NICHT SO KURZLEBIG WIE KLEIDERMODEN. SCHLIESSLICH HÄLT SANITÄRKERAMIK LÄNGER ALS EIN JAHR UND IST IN DER ANSCHAFFUNG TEURER. TATSÄCHLICH SIND NOCH HEUTE (VOR ALLEM IN ENGLAND) ZAHLREICHE ÜBER HUNDERTJÄHRIGE WASSERKLOSETTS UND GUSS-EISERNE BADEWANNEN IM GEBRAUCH.

In den Fünfzigerjahren wurde das Badezimmer zum festen Bestandteil jeder Wohnung und jedes Hauses. Die Designmoden wechselten im Schnitt alle zehn Jahre und betrafen vor allem Farben, wobei Weiß meist die Spitzenposition einnahm. Im Zuge der technischen Entwicklung und der Einführung neuer Materialien kamen ungewöhnlichere, ja sogar gewagte Formen auf, während die alte frei stehende Badewanne mit gewölbtem Rand und Füßen nicht nur überlebt, sondern wieder an Beliebtheit gewonnen hat.

Im Zuge der Wandlung des Badezimmers von einem Ort der bloßen körperlichen Reinigung zu einem Ort der Entspannung und der Selbstverwöhnung, zu der man sich Zeit nimmt, wurde es immer schöner und komfortabler ausgestattet. In den Fünfziger- und Sechzigerjahren war das Badmobiliar vorwiegend pastell-farben – mit Hellblau, Türkis und Hellgelb an der Spitze. In den Siebzigern wurden die Farben dunkler und Acrylwannen – allen voran die luxuriöse Eckwanne – waren der letzte Schrei.

Mitte der Achtzigerjahre startete die Farbe Weiß ihren Siegeszug durch die Badezimmer, die sich im Stil eher »retrospektiv« als »futuristisch« entwickelten. Weiß ist zeitlos und kommt eigentlich nie aus der Mode. Viktorianische und Gründerzeitdesigns wurden in neuen Materialien nachempfunden und im Verbund mit modernster Sanitärtechnik massengefertigt. Weiße Sanitärkeramik ermöglicht die Gestaltung jeder Art von

Ambiente oder Stil. Selbst die kühnste moderne Ausstattung bildet einen geeigneten Rahmen für eine klassische Wanne auf Löwenpranken und ein weißes Toilettenbecken lässt sich ebenso gut mit Zinnoberrot wie mit Altrosa kombinieren.

In den Neunzigerjahren wurden die Designernamen wichtig. Philippe Starck zum Beispiel schuf Sanitärkeramik für Duravit und die Armaturenlinie »Axor Starck« für Hansgrohe. Dieter Sieger und Frank Huster übertrugen das Markenbewusstsein der Bekleidungsmode und des Wohnraumdesigns aufs Badezimmer. Das erwachende Interesse an Feng Shui und Zen-Meditation haben auch das Badezimmerdesign beeinflusst. So findet man in edlen minimalistischen Bädern heute auch japanische Holzbottiche und türkische Dampfbäder sind ebenfalls im Kommen. Für die Wände kann man heute nicht nur zwischen Fliesen und Vinyltapeten wählen. Es gibt den einst als kalt und fabrikmäßig verachteten Beton, so eingefärbt und poliert, dass er für Interieurs nicht nur akzeptabel, sondern sogar begehrenswert erscheint. Sicherheitsglas wird ebenso für Trenn- und Spritzwände eingesetzt wie für Waschbecken und Wannen.

Der Trend zum Zweitbad – wenn nicht gar Drittbad – regt die Fantasie an, und Sie haben nun die Möglichkeit, eines – wenn nicht gar zwei – Ihrer Bäder kühn oder karg, gemütlich oder witzig zu gestalten.

Wohnlich-komfortabel

In einem wohnlichen Bad regeneriert man sich in einer
mit duftend schäumendem Wasser gefüllten Wanne
oder unter einer warmen Dusche. Es ist ein Zufluchts-
ort, in dem man den Körper entspannt und die Seele
baumeln lässt. Deshalb sollte dieser Raum bequem und
nicht zu klein eingerichtet sein – möglichst mit einem
Hauch von Luxus.

In einem wohnlich-komfortablen Bad können Sie Ihre »dekorative
Fantasie« ausleben. Ihr(e) Wohn- und Esszimmer ist (oder sind)
vielleicht höchst geschmackvoll kühl und dezent eingerichtet, und das
Schlafzimmer stellt einen Kompromiss zwischen zwei Geschmäckern dar.
Wenn Sie jedoch im glücklichen Besitz von mehr als einem Bad oder
einer zusätzlichen Dusche sind, haben Sie die Chance zu dekorativen
Abenteuern: die Fliesen in Knallrot und Shocking Pink, ein Fresko, ein
Unterwasserthema. Der Fantasie sind keine Grenzen gesetzt! In einem
wohnlichen Bad ist auch eine teure Tapete oder Textilbespannung denkbar
– für viele in einem großen Raum viel zu teuer, im kleinen Bad noch
erschwinglich.

Wenn Sie Ihr Bad wohnlich einrichten möchten, sollten Sie zunächst
eine Liste der Farben, Oberflächenmaterialien, Bilder und Themen erstellen, die Ihnen gefallen – Pueblo-mexikanisch? Baden im Wald? …?
Sammeln Sie anschließend Anregungen, zum Beispiel aus Zeitschriften
und Prospekten. Ihr Badezimmer muss keine exakte Kopie eines indischen

**Rechts Nur ein großzügig
proportionierter Raum bildet
die geeignete Kulisse für
diese Waschtischsäule im
viktorianischen Stil.**
Mitte **Eine frei stehende
Badewanne beherrscht den
Raum und teilt ihn in zwei
Bereiche. Diese extravagante,
luxuriöse ovale Badewanne mit
breitem Rand, Holzverkleidung
und Sockelleiste wirkt wie ein
großes Möbelstück.**

Tempels werden, es genügt, das Thema mit einigen Musterelementen und Farbtupfern anzudeuten. Der Trend geht dahin, die besten Elemente aus vergangenen Zeiten oder anderen Kulturen mit modernen Design-stücken zu kombinieren. Eine klassische Wanne auf Füßen mit einem modernen Einhebelwannenmischer ist eine pfiffige Mischung aus Alt und Neu, ebenso eine moderne Wannenform mit altmodischen Spindelgriff-armaturen. Wem ein solcher Mix gefällt, der sollte aber darauf achten, dass die Einbauteile und Armaturen formal und farblich harmonieren – also keine Chrom- neben Messingarmaturen – und am besten nur eckige oder ausschließlich runde Sanitärkeramik wählen.

Bequemlichkeit und Luxus

In einem wohnlich-komfortablen Bad sollte man sich so richtig wohl fühlen und entspannen können. Einige Leute brauchen hierzu ein ausgiebiges

Unten links **Dieser eingebaute Doppelwaschtisch mit Unterschränken und seitlichen kleinen Schubladen vor voll verspiegelter Wand in einer Gewölbenische bietet viel Stauraum. Seitlich sind ebenfalls schmale Wandspiegel angebracht.**

Oben **Die Wandlampen mit geblümten Perlenschnurlampenschirmen und Perlenschnurfransen vorne am Waschbecken passen gut zum reich verzierten Spiegelrahmen und dem üppig drapierten Vorhang mit Fransen und Quasten. Derart verspielte Dekorationsstücke passen natürlich nicht in ein strikt funktionales Bad.**

Vollbad bei Kerzenlicht und Musik sowie flauschige, über einem Röhren-radiator gewärmte Frotteetücher, in die sie sich nachher hineinkuscheln können. Ein gemütlicher Sessel oder eine Chaiselongue, auf der man nach dem Bad ruhen oder lesen kann, vielleicht auch etwas essen und trinken, steigert die Bequemlichkeit des Badezimmers.

Ein Hauch Luxus kommt hinzu, wenn man eine dicke, flauschige Bade-matte auf Parkettfußboden legt, Topfpflanzen und Blumen im Raum verteilt und das Bad möglichst mit Fußbodenheizung ausstattet, damit man

Strukturglas und oben Klarglas einsetzen, sodass man Tageslicht erhält, vor Einblicken geschützt ist und selber durch den oberen Fensterabschnitt in den Himmel blickt. Bei Dunkelheit und Licht im Bad werden Ihre Körperumrisse von außen zu sehen sein, daher brauchen Sie zusätzlich einen Vorhang oder eine Jalousie.

Die wohnliche Atmosphäre eines Badezimmers hängt von der Qualität, den Materialien und dem Designstil der Einrichtung ab. Ein altmodischer Badezuber mitten im Raum wirkt extravagant, da er das

Die Oberflächen von Naturmaterialien – Holz, Stein, Lehm und Glas –

verleihen einem Bad einen ruhigen, urwüchsigen Charakter, der im starken

Gegensatz zur schnelllebigen Hightech-Welt »da draußen« steht.

selbst auf Fliesen oder Steinplatten barfuß laufen kann. Die Anordnung von Schränken, Regalen, Seifenschalen, Zahnbürsten- und Handtuch-haltern sollte im Hinblick auf die Förderung der Entspannung im Bad gut durchdacht werden, damit das warme Badetuch, die Seife, das Shampoo immer direkt zur Hand sind, ohne dass man aus der Wanne steigen und klitschnass durch den Raum tapsen muss. Der höchste Luxus besteht in der durch Berührung fernbedienten Steuerung des Wasserdrucks der Whirlpooldüsen oder der Wassertemperatur. Inzwischen gibt es Automatikarmaturen, die je nach Programmierung des Nutzers das Badewasser einfüllen oder die Duschwassertemperatur regeln.

Über die Definition von »wohnlich« bestehen natürlich verschiedene Auffassungen. Manche folgen dem Grundsatz »weniger ist mehr« und finden, dass Schlichtheit und reduzierte Eleganz ein heiteres Ambiente ausmachen. Augen und Kopf finden zur Ruhe, wenn man das Licht-und-Schatten-Spiel der Sonne auf einer Glasfläche beobachten oder durchs Badezimmerfenster in den Garten schauen kann. Wenn Sie dieser Philosophie anhängen, können Sie sich einige wenige, aber qualitativ hochwertige Gegenstände im Bad leisten, da Sie kein Geld für weitere Einrichtungsgegenstände ausgeben müssen.

Licht ist ein ganz wichtiger Faktor für die Raumatmosphäre. Es ist schön, wenn man bei Tageslicht baden und aus einem Fenster blicken kann, ohne von außen gesehen zu werden. In einem Flachdachbungalow lässt sich zum Beispiel eine Lichtkuppel einbauen, durch die man Himmel, Wolken und Vögel wie durch ein Teleskop sieht und gleichzeitig vor neugierigen Blicken geschützt ist. Wenn der Einbau eines Oberlichts nicht möglich ist, könnte man in ein normales Außenfenster unten Matt- oder

beherrschende Element ist und mehr Platz einnimmt als eigentlich erforderlich. Wenn die weiße Wanne dann noch vergoldete Füße – vielleicht »Löwentatzen« – oder eine edle Verkleidung, Seifenschalen-mulden in Form von Muscheln und interessante Armaturen hat, wird sie ein wahres Schmuckstück sein.

Große Wannen brauchen viel Platz. Wannen mit zwei Bodensitz-flächen sollten den Ab- und Überlauf in Wannenmitte haben, damit keiner der beiden Badenden auf dem Stöpsel zu sitzen kommt. Mittig wandmontierte Armaturen sind ebenfalls von Vorteil, damit man nicht ständig Kopf und Arme verrenken muss, um heißes oder kaltes Wasser nachzufüllen.

Eckbadewannen – einst höchster Luxus – sind heute nichts Besonderes mehr und unter Umständen nützlich in einem ungünstig geschnittenen Badezimmer, in dem die nach innen zu öffnende Tür (oder das Fenster) keinen längeren geraden Wandabschnitt zur Installation einer Standard-wanne frei lässt. Neueste Badewannenmodelle sind vielfach eckiger, einige innen rhombenförmig oder in der Mitte »tailliert« statt oval. Einige Hersteller bieten Wannen mit integriertem Sitz an, ideal für die kleine Fußwäsche oder das Einseifen und Abduschen von Kleinkindern. Wenn Sie am liebsten duschen, haben Sie die Wahl zwischen einer extra

Diese plastisch geformte Badewanne wird auf der einen Seite von einer abgetreppten Spritzwand eingefasst. Die Armaturen sind in die Wand eingelassen, hoch oben eine altertümliche Kopfbrause. Die kleinen Nischen im hinteren Winkel können praktisch oder dekorativ genutzt werden.

Linke Seite In diesem Bad kann die Dame des Hauses am Schminktisch mit weiß gestrichenem schmiedeeisernen Gestell Toilette machen.

Links Parfüm verträgt kein direktes Sonnenlicht, da dieses den Duft verändert. Glasflaschen sollte man eigentlich auch nicht im Bad aufbewahren, damit sie nicht etwa beim Fall auf harte Oberflächen in tausend Stücke zerspringen.

großen Kopfbrause – damit Sie voll »im warmen Regen stehen« -, einer von geringem Druck bis Massagestärke einstellbaren Brause und einem Duschpaneel mit Kopfbrause und seitlichen Düsen.

Mit architektonischen Details lässt sich der wohnliche Charakter eines Bades verstärken, etwa mit einem Bogen oder einer Nische, die man farblich absetzt. In die Nische kann man einen Spiegel hängen oder aber Dusche, Waschtisch oder Bidet hineinbauen. In einem anderen Farbton als die Wände gestrichene Türrahmen und Fußleisten beleben das Design.

Architektonische Details lassen sich nachträglich hinzufügen, neben der Dusche etwa eine gemauerte massive Wandbank, die einerseits eine dekorative Sitz- und Ablagefläche für Kleidung und Duschtuch bietet und unter Umständen auch hässliche Rohre überdeckt. Kastensitz oder Kastenbank in einer Fensternische sind ebenfalls attraktiv: Auf den Klappdeckel legt man hübsche Kissen, und im Kasten verstaut man zum Beispiel Toilettenpapier und Putzmittel.

Farben und Materialien

Farben prägen die Atmosphäre eines Badezimmers in entscheidendem Maße. Creme-, Beige-, sanfte Grün- und Brauntöne zum Beispiel beruhigen, Gelb kann im Morgenlicht blass und kühl erscheinen, wirkt aber golden und warm im Kerzenschein. Eine einzige rote Wand belebt einen Raum und macht ihn

Linke Seite **Badewanne und separate Dusche im gleichen Raum wirken großzügig, besonders wenn (wie hier) eingelassene Decken- und Bodenleuchten über Dimmer unterschiedliche Lichtstimmungen erzeugen – hell bei der belebenden Dusche, gedämpft für ein Entspannungsbad. Durch den Abfluss direkt unter der Kopfbrause fließt das Wasser sofort vollständig ab.**
Links **Durch Einfassen der Wanne mit einem Spiegelrand erweitert man den Raum ohne großen Aufwand und sorgt für reflektiertes Licht, also mehr Helligkeit.**

interessant, man sollte jedoch vorsichtig sein und nicht alle Wände eines kleinen Bades rot streichen, es wirkt sonst allzu überwältigend oder gar klaustrophobisch. Blau ist die Wasserfarbe – am frühen Morgen erfrischend und bei gedämpftem Licht entspannend und harmonisierend.

Einige Menschen empfinden gemusterte Wände oder Vorhänge in einem Bad als verwirrend oder »einfach zu viel«, sparsam eingesetzt, erganzen sie jedoch eine Einrichtung und fügen subtile Farbschattierungen hinzu. Verschiedenfarbige Ton-in-Ton-Mosaiksteinchen können zum Beispiel den Eindruck erzeugen, dass die Wand von links nach rechts oder unten nach oben mit großen Pinselstrichen bemalt wurde. Vielleicht wird dabei ein kräftiges Blau zur Decke hin immer blasser, wie um die Blicke des Betrachters vom Meeresboden zum Himmel zu heben.

Mit einigen Fliesenstreifen in kontrastierenden Farben lassen sich eine halbhohe Wandverkleidung simulieren und verschiedene Bereiche definieren – Dusche, Wanne, Waschtisch. Friesmuster der griechischen Antike wie Mäander sind dabei gefällige, geschmackvoll-dezente Ornamente.

Textilien sind für die Ausstattung eines Badezimmers nur eingeschränkt geeignet und sollten lediglich verwendet werden, um Farbtupfer und dekorative Akzente zu setzen. Attraktive Duschvorhänge lassen sich ohne großen Aufwand herstellen, indem man einen schönen, ausgefallenen Stoff – vielleicht sogar purpurroten Samt – über einen fertig erhältlichen Plastikvorhang hängt. Beim Duschen muss man dann natürlich darauf achten, dass der Stoffvorhang über den Rand der Duschwanne nach außen hängt, der Plastikvorhang dagegen nach innen. Ein solcher zweilagiger Vorhang könnte als Mittel dienen, das Bad wohnlicher zu gestalten und ihm einen Hauch Sinnlichkeit zu verleihen.

Oben und rechts **Mit dem Hauptabwasserrohr eines Waschbeckens verbundene Überläufe sind die Sicherheitsmaßnahme gegen »Land unter« im Bad.**

Die Oberflächen von Naturmaterialien – Holz, Stein, Lehm und Glas – verleihen einem Bad einen ruhigen, urwüchsigen Charakter, der im starken Gegensatz zur schnelllebigen Hightech-Welt »da draußen« steht. Marmor, Kalkstein, Granit und Speckstein sind gute Materialien für Böden, Wände und Ablageflächen, weil sie sich in dünne Platten schneiden lassen, die keine allzu schwere Last für Unterboden und Geschossdeckenkonstruktion darstellen.

Raumhohe Holzspundtäfelung verleiht einem großen Bad Wärme und Gemütlichkeit, kann aber in einem kleinen einengend wirken. Auch mit Holzböden lassen sich verschiedene Wirkungen erzielen: Pastellfarben gestrichen bzw. lasiert – zum Beispiel blass kobaltblau

Oben links **Wäre dieses viktorianische Becken nicht genau das Richtige für das Badezimmer einer Blumenliebhaberin?**
Mitte links **In einem wohnlichen Bad lässt sich sogar das antike Schaukelpferd unterbringen …**
Mitte rechts **… oder ein schönes altes Seifenschalen- und Glasgestell.**
Unten links **Dekorative Behälter und Flaschen sind ebenso schön wie nützlich.**
Rechte Seite **Dieses geräumige alte Bad enthält zwei Prunkstücke: den altmodischen Badezuber und das große Gipsrelief an der holzgetäfelten Wand, das dem Raum eine schlossartige Anmutung verleiht.**

oder hellgrau –, erinnern die Dielen vielleicht an die schicken Strandhäuser in New England um Nantucket und Cape Cod; in kräftigem Blau oder rot gestreift eher an die südenglischen Seebäder; in Grüntönen oder Lavendel an Skandinavien.

Eingefärbte, mit Kunstharzen oder Kieseln versetzte Betonmischungen ergeben ebenfalls ästhetisch ansprechende Böden oder Wandoberflächen. Allerdings müssen sie glatt geschliffen sein, damit man sich an ihnen nicht die Haut abschürft und sich kein Schmutz oder Schimmel im rauen Putz einnistet.

Badewannen gibt es auch aus ungewöhnlichen Materialien, darunter Glas, Stein und Kupfer. Dabei handelt es sich meist um teure Sonder-

Rechts und rechte Seite links unten **Kupfer ist ein guter Wärmeleiter, deshalb muss eine Kupferwanne wie dieses alte Modell wärmeisolierend beschichtet werden. Kupfer braucht außerdem viel Pflege, damit es keinen Grünspan ansetzt. Bei diesem Empire-Modell sind Armatur, Abfluss und Überlauf seitlich in der Mitte angebracht, sodass Badende wahlweise an beiden Enden der Wanne sitzen können.**

anfertigungen, die wegen ihres Gewichts im Erdgeschoss oder auf einer konstruktiv verstärkten Geschossdecke installiert werden müssen. Kupfer- oder Zinkwannen erfordern spezielle Pflege, und die immer beliebter werdenden japanischen Holzbottiche darf man nicht mit ätzenden Putzmitteln reinigen, die dem Holz die natürlichen Öle entziehen, sodass es schrumpft und schließlich Risse bekommt.

Whirlpools

Im deutschen Sprachraum wird der Begriff Whirlpool generell für Wannen mit Luftsprudel- und Wassermassagesystemen verwendet. Einige arbeiten mit Düsen, die das Wasser nur in eine Richtung lenken, und müssten »Sprudelwannen« heißen, andere verwirbeln das Badewasser mittels verstellbarer Düsen, sodass sie der korrekten Übersetzung als »Wirbelbecken« Ehre machen. In beiden bekommt man eine prickelnde, haut-

durchblutende, kreislaufanregende Unterwassermassage, wobei die echten Whirlpools meist leistungsfähigere Düsen haben. In Wannen mit beiden Systemen werden gleichzeitig Luft und Wasser eingepumpt; bei den teureren Modellen lässt sich der Druck auf sanftes, entspannendes Sprudeln bis hin zu kräftiger Massage einstellen, und einige sind mit Heizschlangen unterlegt, damit das Wasser während des Bades nicht abkühlt. Modelle mit integrierten Kopf- und Armstützen, Unterwasserbeleuchtung, Stereoanlage und wasserdichter Fernbedienung stehen denen zur Verfügung, die sich einen solchen Luxus leisten können und wollen. Das Hydrosonic-System der Firma Teuco zum Beispiel umfasst Düsen mit Ultraschallwellen zur Tiefenmassage. Das wäre etwas für diejenigen, die nach ausgiebigem Sporttraining, Gartenarbeit oder einer Runde Golf einem Muskelkater

Oben **Trotz spärlicher Ausstattung wirkt dieses Bad nicht kalt. Der Holzfußboden mit zur Wannenwand passenden schwarzen Quadraten gibt ihm Wärme – auch für nackte Füße. Ein Klarglasregal bietet viel Stauraum, ohne den Raum optisch zu erdrücken.**

Linke Seite **Spiegel, wie hier an der Seitenwand, sind wasserdicht und erweitern den Raum, wenn sie auf Schranktüren oder ansonsten allzu beherrschende Elemente aufgebracht sind.**
Links **Glasbausteine sind »badezimmerfreundlich«, lichtdurchlässig und zugleich blickdicht. Man muss sie aufgrund ihres Gewichts jedoch mit Bedacht einsetzen.**
Rechts unten **Auch Holz ist für Badezimmer oder – wie hier – die Sauna geeignet, es muss aber gut abgelagert sein und besonders behandelt werden.**

vorbeugen möchten. Den meisten von uns würde eine »gewöhnliche« Whirlpoolwanne vollauf genügen.

Sauna und Dampfbad

Saunen gibt es in Form von fertigen Holzkabinen, meist mit zwei Bänken: eine untere im relativ kühlen Bereich und eine obere, auf der man bei hoher Temperatur sitzt und schwitzt, um den Körper zu entschlacken. Die Saunaluft ist zwar feucht, aber trockener als in einem Dampfbad, in dem zum Beispiel Brillen oder Kontaktlinsen sofort beschlagen.

Dampfbäder sind im Begriff, das Luxussegment zu erobern, das früher von Jacuzzis und Whirlpools angeführt wurde. Im Dampfbad herrscht eine extrem feuchte Hitze, die alle Hautporen öffnet und starkes Schwitzen auslöst – auch das eine Entschlackungskur, die den Kreislauf in Schwung bringt, die jedoch für Personen mit Lungen- oder Herzproblemen und Schwangere nur nach Befragen des Arztes ratsam ist. Die Dampftemperatur muss sorgfältig geregelt werden, denn Dampf speichert und leitet Wärme effizienter als Luft und ist häufig heißer als kochend heiß.

Für die Installation eines Dampfbadsystems braucht man lediglich eine fest verschließbare Duschkabine oder eine entsprechend große Duschkammer. Der Dampfgenerator ähnelt einem Wasserkessel, dessen Tülle man in eine kleine Öffnung in der Duschkabinenwand einführt, um die Kabine mit Dampf zu füllen. Bevor man jedoch einen Dampfgenerator anschafft und installiert, sollte man sicherstellen (beim Duschkabinenhersteller nachfragen!), dass die Fugenabdichtungen heißen Dampf aushalten.

Minimalistisch

DAS VON REDUZIERTER FORM UND PRAKTISCHER FUNKTION GEPRÄGTE BAD IST VORDERGRÜNDIG

VOR ALLEM AUF WASCHEN UND KÖRPERPFLEGE IM SCHNELLDURCHLAUF ANGELEGT. ES BIETET

KÜRZESTE WEGE ZWISCHEN TOILETTE, DUSCHE, WASCHBECKEN UND ANKLEIDE, SODASS SEINE

BENUTZER SICH MORGENS SO RASCH WIE MÖGLICH FERTIG MACHEN KÖNNEN.

Die Einrichtung des funktionalen Bades muss sorgfältig geplant werden, besonders wenn es von zwei Personen genutzt werden soll. Es könnte zum Beispiel sinnvoll sein, Waschtische und Möbel aneinander zu reihen, damit der Raum genügend Bewegungsfreiheit für beide Benutzer bietet. Als Erstes sollte man sich die eigene Morgenroutine vergegenwärtigen und sich vorstellen, welche Wege man dabei in welcher Reihenfolge zurücklegt, um danach die einzelnen Einrichtungsobjekte im Hinblick auf optimale ergonomisch-motorische Effizienz anzuordnen.

Zahlreiche Hersteller von Badmobiliar aus Keramik und Edelstahl bieten moderne zeitgenössische Produkte an, die diese Ansprüche erfüllen, und Designer wie Dieter Sieger, Frank Huster, Philippe Starck oder Michael Graves haben das Angebot mit ihren Kollektionen bereichert.

Aufgrund von CAD-Design und neuen Materialien können Hersteller heute auch ungewöhnliche Bedürfnisse befriedigen und zum Beispiel flache, längliche Handwaschbecken produzieren, die sich in eine schmale Schminkkommode oder eine Konsole einbauen lassen. Wenn man sowieso immer von Kopf bis Fuß duscht und sich am Waschtisch nur rasiert und (oder) die Zähne putzt, braucht man kein tieferes Becken. Auch Duschkabinen gibt es in den verschiedensten Ausführungen. Eine Alternative ist die Nasszelle – ein offener, nach allen Seiten wasserdicht versiegelter Duschbereich. Bei einigen runden Formen überlappen die Wände so, dass sie einen Durchgang zur inneren Duschkammer bilden und weder Vorhang noch Tür erfordern.

Die Badewanne ist in einem minimalistisch-funktionalen Bad vielfach ein zweitrangiges Element, meist rechteckig mit abgerundeten, »taillierten« oder abgetreppten Innenformen, das weniger Wasserfüllmenge erfordert als Eckwannen und alte Badezuber oder eine Wanne mit Rückenschräge für eine Einzelperson.

Während so manche Einbauküche für den privaten Haushalt Restaurant- oder Hotelküchen nachempfunden ist, beziehen minimalistisch-funktionalistisch orientierte Baddesigner ihre Inspiration auch aus Krankenhäusern, Werkstoiletten oder Kasernen, da dort vielfach

Linke Seite **Diesen Doppelwaschtisch mit zentralem Ablauf müsste man wohl eher Waschbank als Waschbecken nennen. Mit seiner auf das Wesentliche reduzierten Form ist er genau das Richtige für ein minimalistisches Bad.** Links und unten **Reduziertes Design heißt noch lange nicht, dass der Raum kalt und unwirtlich aussehen muss.**

praktische, häufig reduziert gestylte, einfach verarbeitete Edelstahlelemente verwendet werden, die ein Designer moderner Bäder schätzt.

Ein Stahlbad muss nicht hart und kalt sein – nicht härter und kälter als Gusseisen oder emailliertes Metall –, wenn es gut geheizt wird. Einige Stahlbadewannen sind doppelwandig, die Luft im Hohlraum dient als Wärmeisolierung. Außerdem wirkt die Wanne dadurch stabiler als ein einzelnes Stahlblech, das zwar sehr fest ist, aber nicht so aussieht. Stahlwannenmodelle sind vielfach glatt stromlinienförmig, und einige Produzenten bieten ihre Modelle entweder auf Hochglanz poliert oder matt gebürstet an. An sich sind sie leicht zu reinigen, allerdings nur mit einem schonenden Stahlputzmittel und unbedingt nach jeder Benutzung, damit keine Kalkflecken bleiben.

Wasserhähne und Griffe in traditionellen Formen harmonieren durchaus mit schlichten modernen Becken oder Wannen, wenn man aber auf Schnelligkeit und

Effizienz aus ist, sollte man einige der jüngsten Neuerungen in Betracht ziehen. Zu den unauffälligsten Armaturen zählt Hansgrohes Grohtec Special Waschtischarmatur mit integriertem Überlauf und seitlichem Stöpselheber, die ursprünglich für Hotels und öffentliche Einrichtungen entwickelt wurde, aber auch ideal ist für ein privates Badezimmer mit Hightech-Charakter. Der Wasserhahn ist ein gebogenes Rohr mit integriertem elektronischem Sensor: Das Wasser (mit geregelter Temperatur) fließt nur, wenn der Benutzer die Hände unter die Sensorlinse hält. Die Armaturenlinie Sensorflow von Armitage Shanks arbeitet nach dem gleichen Prinzip.

Auch die praktischen, eleganten neuen Einhebelmischer (Beispiel siehe S. 60) sind ideal für das minimalistische Bad. Einige Modelle sind sogar mit Sicherheitsvorrichtung lieferbar, die allzu heiße Wassertemperaturen verhindert.

Wenn das minimalistische Bad ein Ort der Entspannung sein soll, ist die Beleuchtung von entscheidender Bedeutung. Leuchten sollten über zwei getrennte Strom-

Unten links Neben schlichten Schränken sind Dusche, Wasch- und Toilettenbecken – auf der einen Seite des Bades gruppiert – wichtiger als die Badewanne, die vielleicht auf der anderen Seite (am anderen Ende) des Raums abgesondert steht – quasi ein separat zu nutzender Bereich. Hier sind kreisrunde große Scheibenarmaturen in die Fläche der mit Steinplatten verkleideten Wanneneinfassung eingelassen.

kreise schaltbar und dimmbar sein, sodass man für eine helle Ausleuchtung direktes Licht (Strahler über dem Waschtisch und in der Dusche) und indirektes Licht kombinieren oder aber die Strahler ausschalten kann, um gedämpftes indirektes Licht zu haben (etwa aus Deckenfluter-Wandleuchten). Natürlich kann man auch nur die Strahler über der Badewanne einschalten und dimmen, sodass der übrige Raum in Dämmerlicht getaucht ist. Nun kann man flauschige Frotteetücher zurechtlegen, Räucherstäbchen (wer mag) und Kerzen anzünden, bevor man ein Bad genießt.

Spiegel sind ebenfalls wichtige Elemente des minimalistischen Baddesigns. Der Spiegel über dem Handwaschbecken sollte nicht nur funktional, sondern auch ästhetisch ansprechend sein. Es nützt nichts, einen kleinen, schlecht beleuchteten Spiegel aufzuhängen, sodass man sich weit vorbeugen und den Hals verrenken muss, um Gesicht und Hals jeweils nur abschnittweise mustern zu können. Man könnte zum Beispiel die ganze Wand hinter dem Becken

Rechts und rechte Seite **Die Waschrinne dieses Stahlwaschtischs – eine Sonderanfertigung – ist flacher als ein Standard-Keramikwaschbecken, reicht aber für eine »Katzenwäsche« und Zähneputzen vollkommen aus. Es muss mit einem speziellen Stahlreinigungsmittel geputzt werden, das keine Kratzer hinterlässt.**
Oben **Auch das wandhängende Toilettenbecken ist aus Edelstahl, der Spülkasten befindet sich in der Wand.**

Links **Einhebel-Waschtisch-mischer von Philippe Starck. Mit dem leicht gebogenen und leichtgängigen feder-artigen Hebel kontrolliert man sowohl Wasserfluss als auch Temperatur.**

Unten **Dieses schlichte Rohr steigt vom Boden auf und entlässt das Wasser in elegantem Schwung in die Wanne.**

Rechte Seite oben links **Der Wasserhahn ist integraler Bestandteil der Zuleitungs- und Abflussgarnitur mit Kragarm, der die runde Glasschale hält. Wasserfluss und -temperatur werden durch Drehen des oberen scheibenförmigen Rohr-abschlusses geregelt.**

Rechte Seite unten links **Der Wasserhahn als Rohr aus der Wand.**

Rechte Seite rechts **Drei-loch-Waschtischarmatur von Philippe Starck.**

mit einem großen Spiegel oder Spiegelfliesen bedecken, sodass sie zugleich als leicht zu reinigende Spritzwand dient. Wenn man diese Lösung wählt, sollte man die Fuge zwischen Becken und Spiegel sorgfältig mit Kunststoffdichtmasse versiegeln, damit kein Wasser hinter dem Becken die Wand hinunterläuft bzw. Kondenswasser durch feinste Ritzen sickert und die Hinterglas-Spiegelschicht an den Rändern zerfrisst.

Wenn Sie einen kleineren Vergrößerungsspiegel vor dem großen Wandspiegel benötigen, ist das klassisch-moderne wandmontierte Spiegelmodell mit Schwenkarm von Eileen Gray zu empfehlen, das in Kopie mit Vergrößerung auf dem Markt ist. Zweiseitige verstellbare Vergrößerungsspiegel sind in vielen Variationen für Wandmontage oder als Standmodelle zu haben.

Einige wie hingestreute dekorative Accessoires verhindern, dass ein

minimalistisches Bad allzu streng wirkt. Eine Glas- oder Steinschüssel, ein Korb mit Naturschwämmen oder Luffas etwa sind dekorativ und passen gut in ein Bad. Wenn man nicht gerne putzt, sollte man Staubfänger wie Schalen mit Potpourri, Gläser mit Miniseifen und Ähnliches unbedingt weglassen.

Wenn ein minimalistisches Bad ins Schlaf- oder Ankleidezimmer übergeht, entsteht vielleicht der Wunsch, die Sanitärobjekte zu verdecken, um den Eindruck zu erwecken, das Bad sei eine Erweiterung dieses anderen Raums. Dafür kann man zum Beispiel Dusche und Waschbecken hinter nachträglich eingezogenen nicht tragenden Trennwänden oder Türen installieren, wobei man Sauglüfter einbauen sollte, die die feuchte Luft abziehen. Auf den Seiten 68 bis 79 sind einige Beispiele von Ausstattungen minimalistischer Minibäder abgebildet.

Farben und Materialien

Das minimalistische Bad wird vielfach als allzu karg
und streng empfunden, es verträgt jedoch auch die
Ausschmückung mit einigen wenigen modernen »Glanz-
lichtern«, die zu seinem zweckmäßigen Charakter passen.
Die Farbe Weiß wird bevorzugt, weil sie den Eindruck
von Frische, Reinlichkeit und Schlichtheit vermittelt, man
sollte aber darauf achten, dass ein weißes Bad nicht kalt
und klinisch wirkt. Farbakzente beleben es und lassen es
einladender erscheinen, es empfiehlt sich jedoch die
Beschränkung auf eine Haupt- und eine Kontrastfarbe
oder Schattierungen derselben Farbe.

Ein mit Grün, Beige oder einer anderen Erdfarbe
abgetöntes Weiß wirkt nicht so klinisch und wärmer als
reines Weiß. Wenn das Bad zahlreiche Edelstahl- oder

Oben **Mit verschiedenen Ebenen lässt sich der Eindruck von
Geräumigkeit erzeugen oder verstärken. Hier führen Stufen zu
der in ein Podest versenkten Badewanne.**
Oben rechts und rechts **Toiletten- und Bidetbecken sind an die
Podestvorderwand montiert, hinter der auch alle unschönen
Rohre und der Spülkasten verschwinden. Die Dusche ist mit einer
Sicherheitsglasplatte abgeteilt. Zwischen Bad und Schlafzimmer lässt
sich eine Schiebetür schließen bzw. zwecks großzügigem Durchblick
öffnen.**

Rechte Seite **Ein edler
moderner Waschtisch
mit Holzunterschrank, der
viel Stauraum für all die
Utensilien bietet, die man für
die Körperpflege braucht.**

Chromflächen und -teile enthält, würden Blau oder Türkis den Eindruck von Kühle nur verstärken, wenn aber dem Blau ein wenig Rosa beigemischt wird, entsteht ein wärmer wirkendes Lavendelblau.

Farben wie Zitronengelb oder fluoreszierendes Limonengrün passen gut zur Farbe Weiß und zu Stahl und sorgen für die Helligkeit und so etwas wie würzige Frische der Ausstattung. Kräftige Modefarben dieser Art sollten allerdings sparsam eingesetzt werden, vorzugsweise für den Wandanstrich oder Accessoires, sodass man sie ohne große Mühe entfernen kann, wenn die Mode passé ist oder man die Farbe nicht mehr sehen kann. Denn wenn man Fliesen oder größere Einrichtungsstücke in derartigen Farben wählt, verursacht das Auswechseln natürlich nicht nur höhere Kosten, sondern auch Dreck und Staub.

Auch an den Fenstern kann man für Farbakzente und gestalterische Abwechslung sorgen: Durch Rollos mit feinem Lochmuster malt die Sonne Lichtmuster auf Wände und Böden, und ein Stoff mit Ton-in-Ton-Streifenmuster eignet sich gut für eine Jalousie, die nicht zu unruhig wirken soll. Die sachlicheren Lamellenjalousien sind in vielen Farben und Ausführungen auf dem Markt.

Der Fußboden eines stromlinienförmig-minimalistischen Badezimmers sollte wasserdicht und pflegeleicht sein. Mit einer Fußbodenheizung könnte man im Bad auch barfuß laufen und bräuchte keine Pantoffeln. Wenn der Raum nur ganz sparsam dekoriert ist, verträgt der Fußboden ein wenig Farbe, Struktur oder ein Muster. Inzwischen ist eine ganze Reihe von Fliesen mit Glimmereinlagen auf dem Markt, die wie Gold-, Silber- oder Titanplättchen glitzern.

Eine andere Möglichkeit für das minimalistische Bad sind Hartgummibeläge mit Oberflächenstruktur. Sie wurden ursprünglich nur in Fabriken, Lagerhallen oder Krankenhäusern verwendet, sind daher sehr strapazierfähig, leicht wärmeisolierend und nicht so fußkalt wie Stein- oder Fliesenböden. Außerdem sorgen sie für ein gewisses Maß an Schalldämmung.

Einige ziehen synthetische Marmor-, Granit- oder Schieferimitate vor, weil sie wärmer, weicher und meistens auch billiger sind als die echten Steinfliesen. Auch Kunststofflaminatböden in Holzoptik – von Parkett bis Treibholz – sind für stark frequentierte Bäder in Betracht zu ziehen, weil sie wie Holz aussehen, aber schnell einmal feucht abgewischt werden können.

Unten **Glas und Spiegel sind reflektierende Materialien, erhöhen die Lichtintensität, wirken klar und sorgen für illusorische Belebung des Raums. Diese Materialien sind in robusten, nicht splitternden Versionen zur Verkleidung von Spritzwänden etc. im Bad erhältlich und lassen sich auch zu Becken und Wannen verarbeiten, müssen allerdings häufiger geputzt werden, damit sie »ansehnlich« bleiben.**

Achten Sie darauf, dass Sie auf glatt polierte Marmor-oder Fliesenböden nur rutschfeste Bademattten legen, um Stürze auf harte Kanten und Flächen zu vermeiden. Viele Badvorleger sind auf der Unterseite bereits mit Gummi beschichtet erhältlich, oder aber Sie kaufen eine rutschfeste Unterlage, die sowohl am Boden als auch an der Matte haftet. Da Textilvorleger häufig gewaschen werden müssen, ist es ratsam, bereits beschichtete anzuschaffen.

Korkmatten oder Holzroste sind gute Alternativen. Bei Ersteren muss man allerdings darauf achten, dass sie wasserdicht versiegelt sind, da sie sonst aufweichen und schon bald auseinander fallen. Durch die Ritzen von Holzlattenrosten dringt Wasser auf den Boden, sie sollten daher nur in Bädern mit wasserdichten Böden benutzt werden.

Ablageflächen und Stauraum

Ein reduziert gestyltes Bad verträgt keine Unordnung und sollte daher am besten direkt über oder neben dem Waschbecken einen Schrank enthalten, in den alle Utensilien und Pflegeprodukte ohne große Mühe schnell weggeräumt werden können, die sich sonst auf den Ablageflächen um das Waschbecken herum ansammeln und die klaren Linien und ruhigen Flächen des Raums stören.

Die Ablageflächen im Badezimmer sehen am schönsten aus, wenn sie sauber und gut erhalten sind. Zahnpasta oder Rasiercreme und Haare verunzieren nur zu gern Spiegelkonsole oder Waschbeckenausguss. Bürsten, Kämme und Kosmetika werden daher am besten in Schränken oder Schubladen verstaut – es sei denn, man will sich unbedingt die Mühe machen, jedes einzelne Fläschchen oder Döschen wegzuräumen, die Ablage abzuwischen und alles wieder an seinen Platz zu stellen.

Da die meisten Pflegemittel Fettflecken hinterlassen, ziehen Sie es vielleicht doch vor, Ihre Ablagen mit abnehmbaren Plastikmatten zu bedecken, die man schnell einmal abduschen kann. Auch Ablagen aus Sicherheitsglas oder Keramik lassen sich mühelos mit einem feuchten Tuch reinigen. Manche Leute legen auch einen schmalen Frotteeläufer auf die Ablage unter dem Spiegel und benutzen Deckchen auf den Regalen oder Papiertücher. Wenn diese Flecken bekommen, sind sie schnell und billig zu ersetzen.

Wenn man es allerdings mit dem Minimalismus wirklich ernst nimmt und entschlossen ist, die klaren Linien des reduziert-eleganten Bades nicht zu stören, muss man viel Disziplin aufbringen. Man muss auf Deckchen verzichten, darf weder neue Flaschen und Dosen anbrechen, bevor die alten aufgebraucht sind, noch unbenutzte Mittel – die als »Unruheherde« und Staubfänger dienen könnten – für etwaige spätere Verwendung im Bad herumstehen lassen. Neben den regelmäßig benutzten Utensilien und Produkten lässt sich jedoch auch im Bad Vorratswirtschaft betreiben, wenn es genügend Stauraum bietet. Dann ist alles gleich zur Hand, wenn man es braucht, ohne dass man klitschnass aus der Wanne steigen und anderswo im Haus danach suchen muss. Ein weiteres Mittel zur Erhaltung der minimalistischen Reinheit sind Hänge-schränke für Bademäntel, Handttücher und Kleidungs-stücke. Frotteetücher sollten auf Handtuchhaltern oder

Oben **Dieses Glasbecken mit breiter Ablage hat weder Rinnen noch Fugen, in denen sich Schmutz festsetzen könnte. Leider muss es dennoch häufig gereinigt und sogar poliert werden, damit es so schön bleibt wie auf dem Foto.**

Oben rechts **Füllen Sie Flüssigseife oder Lotionen in hübsche unzerbrechliche Behälter um.**

Unten rechts **Ein gerader Haken – das gibt's!**

Röhrenradiatoren getrocknet werden. Meistens werden Stühle, Fenstersitze oder Wäschekörbe als Kleiderablagen genutzt, eine interessante Alternative ist jedoch die einfache Holzhakenleiste im Shaker-Stil, die zwar nicht besonders modern und gar nicht »Hightech« ist, aber dennoch ihren Zweck erfüllt.

Eine derartige Hakenleiste oder eine ihrer modernen Neuinterpretationen mit Metallhaken oder »Hörnern« sollte hoch genug angebracht werden, damit niemand an ihr hängen bleibt – außer Frottetüchern und Bademänteln natürlich. Die Leiste könnte in der gleichen Farbe wie die Wand gestrichen werden, damit sie möglichst nicht auffällt, oder aber gerade in einer Kontrastfarbe, damit sie optisch hervortritt. Wenn man es recht bedenkt, würde die

Hakenleiste in einem minimalistischen Design aber wohl eher die Versuchung zur Unordentlichkeit darstellen und wäre daher in einem anders gestylten Bad angebrachter.

Das Gleiche gilt für offene Regale, die ansonsten sehr attraktiv sind. Wenn sie in ein minimalistisches Bad Eingang finden, sollten sie allerdings nicht nur, wie in jedem anderen Bad, aus einem feuchtigkeitsbeständigen

sollten daher nur mit den vom Hersteller empfohlenen Mitteln gereinigt werden.

Da man sich im Bad meistens auch aus- und anzieht, findet sich in fast jedem ein Wäschekorb oder -sack. In der Wohnung von Alleinstehenden genügt vielleicht ein hinter der Tür hängender Wäschesack, für eine mehrköpfige Familie ist ein größerer Behälter nötig – in einem minima-

Die in Gefängnissen, Fabriken und Kasernen vorhandenen Sanitärräume sind funktional, häufig minimalistisch gestaltet und mit einfachen Materialien ausgestattet – so bevorzugen es auch moderne Baddesigner.

Die glatten Putzwände dieser Duschzelle sind mit wasserdichter Farbe in einem warmen Terrakottaton gestrichen. Der Fußboden besteht aus Steinplatten mit offenen Fugen, durch die das Duschwasser in den Ablauf fließt.

Material, sondern auch schlicht und in Farbe und Form auf die Gesamtausstattung abgestimmt sein. Ein Stapel einfarbiger Frotteetücher und einige wenige dekorative Zubehörteile im Regal könnten dazu benutzt werden, die Strenge des Raums aufzulockern.

Glasregale sind unauffällig, pflegeleicht und zeitlos schön, sie sollten aber vorzugsweise aus Sicherheitsglas gefertigt sein. Acryl oder Plexiglas sind zwar genauso transparent und sicherer, weil nahezu unzerbrechlich, werden aber schneller trübe – durch unzählige winzige Kratzer – und

listischen Raum etwa eine edle Chromstahltonne mit Fußpedal und eingehängtem Stoffsack, sodass man die gesamte Schmutzwäsche mit einem Griff herausnehmen und zur Waschmaschine tragen kann. Weidenkörbe sind seit langem populär, sie halten allerdings nicht sehr lange.

Im Angebot sind ebenfalls leichte, undurchsichtige Plastiktonnen in attraktiven Farben, die mühelos zu reinigen sind und es auch unbeschadet überstehen, wenn man einmal nasse Wäscheteile hineinwirft.

Das Minibad

Eine Mischung aus leistungsfähigen kleinen Wasserpumpen und Installationen sowie speziell für kleine Räume entworfenen Einbaumöbeln und Sanitärkeramik macht es heute möglich, auch kleinste Kammern als Bäder zu nutzen, zum Beispiel den Raum unter einer Treppe, in dem früher nur Besen und Wischeimer untergebracht waren.

Ein kurzer Blick in die Besenkammer führt wahrscheinlich zu der festen Überzeugung, dass sich in einem derart engen Raum bestimmt kein adäquates Badezimmer unterbringen lässt. Sie bietet ja kaum genug Platz zum Abtrocknen im Stehen und schon gar nicht für eine Badewanne nebst Toilettenbecken und Waschtisch. Mit sorgfältiger Planung und der Auswahl passender Sanitärkeramik lassen sich jedoch überraschende Lösungen für Gästetoiletten oder Bäder auf kleinstem Raum in den unwahrscheinlichsten Ecken entwickeln.

Sammeln Sie zunächst einmal Ideen, indem Sie sich andere Minibäder anschauen. Viele Hotelbadezimmer sind zum Beispiel kompakt und zugleich luxuriös. Im Bug einer Segeljacht ist das kleine Einbauwaschbecken sicher mit einem Deckel ausgestattet, der – heruntergeklappt – einen Schminktisch abgibt, und mit einer Kopfbrause über einem hochklappbaren Fußbodenteil, der die Duschwanne abdeckt. Und in Flugzeugen ist die notwendige Toiletteneinrichtung ja auch in den allerkleinsten Raum gezwängt und erfüllt dennoch ihren Zweck.

Unterschiedliche Nutzungen

Wenn Sie sich für einen Raum bzw. eine bislang ungenutzte Ecke Ihres Hauses entschieden haben, müssen Sie abwägen, was Sie wirklich benötigen: ein kleines Bad als Hauptbadezimmer (separat oder direkt an das Schlafzimmer anschließend), ein »Zweitbad« oder eine Gästetoilette.

Selbst wenn Sie persönlich an sich keine zusätzliche Waschgelegenheit brauchen, hat ein kleines Zweitbad den Vorteil, dass Übernachtungsgäste unabhängig sind und sich dabei nicht bemühen müssen, ihre Sachen immer sofort wieder einzupacken und mit in ihr Zimmer

Linke Seite **Die aufgereihte Badmöblierung nutzt die lange, schmale Kammer optimal aus. Hier befindet sich die Badewanne ganz hinten unter dem Fenster, gefolgt von einem von zwei Waschtischen, Glas-Duschkabine, Toiletten- und zweitem Waschbecken. Die schmale »Verkehrsfläche«** des Bades ist mit »fuß-freundlichen«, rutschfesten Holzdielen ausgelegt.

Links und unten **Die Wand hinter der Badewanne besteht aus Mehrscheibenglas, sodass man Durchblick ins erleuchtete Schlafzimmer hat. Dadurch wirkt der kleine Raum größer und ist heller, weil er vom Tages- oder** Kunstlicht des Schlafzimmers profitiert.

Wenn kein Einblick von dort gewünscht wird, lässt sich die Innenschicht der Glaswand mittels eines Schalters elektrisch »verdunkeln«. Da die Wanneneinfassung vom Schlafzimmer aus zu sehen ist, wird sie nicht als Ablagefläche benutzt.

zu nehmen. Und am Morgen müssen sie sich nicht beeilen, um das Bad möglichst schnell wieder für die Gastgeber freizumachen. Ein zweites Badezimmer erhöht zudem den Wert Ihres Hauses, was sich bei einem eventuellen Verkauf günstig auf den erzielbaren Preis auswirken könnte.

In den modernen Wohnungen oder Ein-Zimmer-Appartements, die in ehemaligen Fabriketagen oder Lagerhäusern eingerichtet wurden, ist das kleine Badezimmer vielfach der einzige geschlossene Raum, der so platziert wurde, wie es für die Aufteilung der Gesamtgeschossfläche in Wohnungen aus technischen Gründen erforderlich war, was möglicherweise der gestalterischen Ästhetik abträglich ist.

Allgemein gilt der Grundsatz »small is beautiful«. Wie immer die Voraussetzungen aussehen, es lohnt sich auf jeden Fall, Zeit und Mühe auf die Planung eines Minibades zu verwenden. Millimeterpapier – auf dem die Umrisse des verfügbaren Raums maßstabsgetreu eingezeichnet sind – und entsprechend verkleinerte Ausschnitte der Einrichtungsstücke helfen dabei, die optimale Anordnung zu ermitteln. Verschieben Sie Wanne, Waschtisch und Toilettenbecken aus Papier so lange, bis sie dahin passen, wo

Unten **Eine schlichte schrankähnliche Duschkabine und ein schmales rechteckiges Doppelwaschbecken mit Wandarmaturen erfüllen ihren Zweck adäquat auf kleinstem Raum.**

Linke Seite und ganz oben **Auch hier sind Waschbecken und Wanne hintereinander angeordnet. Da man in der Wanne ja nur sitzt oder liegt, könnte sie unter einen niedrigeren Deckenabschnitt geschoben werden. Die Duschnische im höheren Teil des Raums ist mit Kleinmosaik ausgekleidet und mit Glastüren versehen.**

Oben **Zwischen dem Eckwaschbecken und einer runden Glasbausteinwand entstand eine offene Duschnische. Durch die Glasbausteine fällt Tageslicht in den Raum. Die blauen Mosaiksteinchen tragen zum Eindruck von Lichtfülle und Frische bei.**

sie angeschlossen werden können (Steigeleitungen etc. ebenfalls einzeichnen!), und fügen Sie erst dann die übrigen Einrichtungsgegenstände ein.

Ein Zweitbad wird meist zur Entlastung des Hauptbadezimmers eingerichtet. Bei der Planung muss man seine Hauptfunktionen festlegen. Wird das neue Bad dann gebraucht, wenn die Kinder sich für die Schule fertig machen müssen? Duschen oder baden sie lieber? Wenn lediglich eine zweite Waschgelegenheit für die »schnelle Toilette« benötigt wird, ist eine Badewanne überflüssig, eine Dusche genügt vollauf.

Wenn das kleine Zweitbad als Ort für die Erwachsenen – etwa zur Entspannung in einem Schaumbad – gedacht ist, während sich die Kinder im großen Badezimmer tummeln, bietet sich eine Badewanne mit Handbrause bzw. Wandarmatur und Duschvorhang oder aufgesetzter Duschkabine an.

Je nach Raumgröße und anderswo im Haus oder in der Wohnung verfügbaren Installationen müssen Sie entscheiden, welche Teile Sie außer Wanne oder Duschkabine noch im Minibad unterbringen möchten. Ein Toilettenbecken wäre auf jeden Fall praktisch und wünschenswert.

Wer sich den Luxus eines Schlafzimmers mit Tür zum angrenzenden Badezimmer leisten will, bevorzugt Abstellkammern oder ungenutzte Ecken für den nachträglichen Einbau, da gleichzeitig das Schlafzimmer nicht verkleinert werden soll. Architektonische Elemente wie Türbögen oder größere Nischen (in England zum Beispiel links und rechts neben dem Kamin) bieten sich dafür an, oder man schafft Raum durch Versetzen einer Tür oder den Einbau eines Minibades am Ende eines schmalen Korridors.

Be- und Entlüftung, Stauraum

Waschgelegenheiten oder Duschen werden auch gerne hinter Schranktüren versteckt, damit sie die Innenarchitektur des Schlafzimmers nicht stören. Entscheidend ist dabei, dass diese »Minibäder« ausreichend be- und entlüftet werden, damit nicht etwa Luftfeuchtigkeit im Schrank Schaden anrichtet. Eine rundherum versiegelte Duschkabine mit eigener Decke wäre hier ideal.

Der relative Luftmangel in einem kleinen Raum führt dazu, dass schlechte Gerüche sich hier langsamer verflüchtigen als in einem großen, direkt belüfteten

Oben Ein Handwaschbecken wie dieses kreisrunde ist nicht so wuchtig wie eines mit Unterschrank, spart Platz und lässt einen kleinen Raum großzügiger wirken. Ein sich flach an die Wand schmie-

gender Röhrenradiator als Handtuchhalter tut ein Gleiches.
Rechts In einer wasserdicht versiegelten Nasszelle wie dieser, die ganz mit Mosaikfliesen ausgekleidet ist, sind

Kabinentüren oder Duschvorhang überflüssig. Durch die offene Duschnische wirkt der Raum auch größer. Hier sind außer der Kopfbrause seitliche Wasserdüsen in der Wand installiert.

Zimmer. Es ist daher ratsam, einen Ventilator einzubauen (etwa einen, der sich automatisch in Gang setzt, wenn das Licht eingeschaltet oder die Tür geöffnet wird) und Luftreiniger oder Raumduftspray zur Hand zu haben.

Man sollte darauf verzichten, in ein Minibad Kommoden oder Schränke zu stellen, die den Raum noch enger und kleiner machen könnten, als er eh schon ist. Und Regale sollten so hoch wie möglich angebracht

In einem fensterlosen Raum macht sich ein kleines Fenster mit Milchglasscheiben gut, hinter dem man auch eine Leuchte als zusätzliche Lichtquelle anbringen könnte.

In diesem Bad im Stil der Dreißigerjahre steht eine Keramikwanne mit wulstigem Rand quer zur weiß gefliesten Wand. Die weißen Kunststoff-Vorhänge lassen sich gefällig drapieren, wenn die Wanne nicht genutzt wird.

werden, damit sie nicht direkt ins Auge fallen, wenn man das Bad betritt. Zum Beispiel könnte man ein einziges umlaufendes Regalbrett knapp unterhalb der Decke montieren, auf dem man niedrige, kleinere Gegenstände aufheben kann. Wenn man diese Dinge dann noch in undurchsichtigen, unzerbrechlichen Behältern aufbewahrt, wird der Gesamteindruck nicht durch unordentlich herumstehenden »Krimskrams« beeinträchtigt. Wenn man sich für Plastikkästen entscheidet, sollte man deshalb auch alle in derselben Farbe kaufen. Sie können als Hausapotheke, Make-up-Köfferchen oder Vorratsdosen benutzt werden. Dabei verstaut man die häufig benutzten Pflegeprodukte und Utensilien am besten in jederzeit leicht erreichbare Kästen und die selten benutzten Dinge in die schwerer erreichbaren.

De facto eng – optisch aber geräumig

Die Ausstattung eines kleinen Raums trägt entweder zu dessen Platzknappheit bei und lässt ihn schlimmstenfalls wie eine enge, dunkle Höhle erscheinen, oder sie erzeugt den Eindruck von Geräumigkeit.

Letzteres lässt sich mit verschiedenen Mitteln erzielen, zum einen mit hellen Farben und viel Weiß in einer fensterlosen Kammer. Dunkle Farben wirken zwar gemütlicher, sollten aber in einem solchen Fall nur sparsam eingesetzt werden, wenn das Minibad nicht klaustrophobisch wirken soll. Wenn Sie kräftige Farben vorziehen, versuchen Sie es mit einer Wand in Ihrer Lieblingsfarbe und streichen Sie die übrigen in einer Pastelltönung derselben Farbe. Oder aber Sie streichen eine etwa vorhandene halbhohe Holztäfelung dunkel und die Wände und Decke darüber heller.

Spiegel sind das beste Mittel zur optischen Erweiterung kleiner Räume, man kann allerdings des Guten auch zu viel tun: Wenn alle Wände verspiegelt sind, könnte das eigene Spiegelbild und das des Raums in der Vervielfachung verwirren, sodass man die Orientierung verliert. In einem fensterlosen Raum macht sich ein kleines Fenster mit Milchglasscheiben gut, hinter dem man auch eine kleine Leuchte als zusätzliche Lichtquelle anbringen könnte.

Auch Fußbodenbeläge und Beleuchtung sind dazu geeignet, die Illusion von Geräumigkeit zu schatten. Wenn man das Bad zum Beispiel mit Holzdielen auslegt, sollte man sie parallel zur längsten Wand oder im rechten Winkel zur Tür verlegen, damit sie den Raum optisch in die Länge ziehen. Linoleum oder Vinylbeläge mit Streifenmuster erzielen dieselbe Wirkung. Ein zentrales Oberlicht in einem kleinen Raum zieht die Blicke nach oben und lässt die Decke niedriger erscheinen, während eine Reihe eingelassener Punktstrahler eine »streckende« Wirkung hat.

Nützliche Ausstattungsstücke

Die in Kontinentaleuropa seit langem beliebte Sitzbadewanne wurde speziell für Minibäder entwickelt. Wenn man darin ein Vollbad nimmt, reicht einem das Wasser etwa bis zur Brustmitte.

Daneben sind viele moderne Badewannen speziell für kleine Räume auf dem Markt; sie sind kürzer als die normalen Modelle, einige verjüngen sich auch zum Fußende hin, also sozusagen ab Hüfte abwärts. Diese Art

Linke Seite **Diese Duschkabine mit eingelassenen kreisrunden Wandleuchten lässt sich mittels der Drehangeltür wasserdicht verschließen. Die Innenwände sind mit Birkenfurnier-Sperrholzplatten verkleidet, die Fugen mit einem dunkler furnierten Sperrholz gedeckt. In den Schieferfußboden ist in der Mitte ein Abfluss eingelassen.**

Links **Dieses Becken war ursprünglich ein Ausguss im Chemielabor einer Schule und wurde auf einer Auktion ersteigert. Die Halterung und die Wandarmatur bestehen aus Sanitärkupferrohren.**

Modelle gibt es in zwei »gegenläufigen« Versionen, zur Installation an einer linken die eine, an einer rechten Wand die andere.

Wenn Sie es gewohnt sind, Ihre Haare in der Badewanne oder unter der Dusche zu waschen, ist für Sie ein großes Waschbecken wahrscheinlich überflüssig, Sie könnten also aus der Fülle des Angebots ein Minibecken wählen. Armaturen lassen sich zum Beispiel auch seitlich anbringen statt im breiten hinteren Beckenrand, was wiederum Platz spart. Außerdem sind Eckwaschtische erhältlich, die speziell zur Montage in rechtwinkligen Raumecken bestimmt sind und sogar hinter Türen angebracht werden können. Ein Eckbecken hat meistens einen Rand, der ein gleichschenkliges Dreieck bildet, und lässt sich ohne Platz raubende Waschtischsäule an zwei Wandhalterungen aufhängen.

Eine Handtuchstange unter dem Waschbeckenrand spart nicht nur Platz, sondern dient auch als »Vorhangleiste« für die Frotteetücher, die das hässliche Abflussrohr des Beckens verdecken.

Heute gibt es viele Möglichkeiten, optisch oder tatsächlich störende Rohre abzudecken, was dem Minibad zugute kommt. Leitungen und Toilettenspülkästen sind zum Beispiel gleich in die Wände eingebaut oder verschwinden in Altbauten nachträglich hinter halbhohen Blendwänden, deren Oberflächen als Ablagen dienen. (Zwecks Reparaturen sollte der Teil über dem Spülkasten abnehmbar sein.) In einem solchen Fall braucht man auch keinen schönen, teuren Keramikspülkasten, sondern kann einen billigen aus Plastik einbauen.

Wandhängende Toiletten- und Waschbecken sind für Minibäder oder Gästetoiletten optimal, da der Platz darunter frei bleibt und ein Waschbecken sogar so nah am Toilettenbecken angehängt werden kann, dass beide Ränder leicht überlappen, was kostbare Zentimeter einspart.

An der Wand befestigte ausklappbare Wäschetrockner oder ausziehbare Wäscheleinen sind in einem kleinen Bad ebenfalls von Vorteil und werden am besten über der Badewanne montiert, damit man tropfnasse Wäschestücke aufhängen kann.

Duschen – Für und Wider

Es ist höchst unwahrscheinlich, dass ein kleines Bad zusätzlich zur Badewanne noch Platz für eine Duschkabine bietet. Das ist für diejenigen kein Problem, die auf die Badewanne verzichten können. Viele möchten sich jedoch die Möglichkeit offen halten, wahlweise zu duschen oder zu baden. Ein weiterer Gesichtspunkt für die Besitzer von Häusern oder Eigentumswohnungen ist folgender: Wenn man später Haus oder Wohnung verkaufen möchte, hat man mit einem mit Dusche und Badewanne ausgestatteten Badezimmer bessere Verkaufschancen, besonders wenn es sich um das einzige Bad handelt.

Die einfachste Lösung besteht natürlich darin, die Badewanne als Duschtasse zu benutzen und die Brause darüber zu montieren. Als Spritzschutz bieten sich drei Varianten an: Die billigste und einfachste ist ein Plastikvorhang an einer Stange. Sie hat nur einen Nachteil: Der nasse Plastikvorhang klebt einem leicht am Körper und stört das Duschvergnügen. Außerdem bereitet es unter Umständen einige Schwierigkeiten, das in Farbe und Muster zur Badausstattung passende Stück zu finden.

Eine mit dem Badewannenrand abschließende Falt- oder Gleittür-Spritzschutzwand aus Sicherheitsglas oder transluzenten Synthetiktafeln ist da schon eleganter und dauerhafter. Diese Details werden auf den Seiten 80 bis 91 im Abschnitt über Duschen und Nasszellen ausführlicher vorgestellt.

Gäste-WC

Ein Garderobenraum oder eine große Garderobennische bietet sich nicht nur zur Hängung von Mänteln an, sondern auch für den Einbau einer zweiten Toilette zur Entlastung des Badezimmers und für Gäste. In einem zwei- oder mehrstöckigen Haus ist das besonders angebracht, vor allem wenn ältere Menschen oder Kleinkinder darin wohnen.

Im Gäste-WC haben meistens nur das Toilettenbecken und ein kleines Handwaschbecken Platz. In einigen Fällen mag es scheinen, als ob noch nicht einmal diese allernötigsten Einrichtungsgegenstände hineinpassen, aber auch hier gilt: Wo ein Wille ist, ist auch ein Weg. Mit ein wenig Mühe und Zeitaufwand wird man die lieferbaren »Miniaturen« finden, die aus dem Traum einer Gästetoilette Wirklichkeit werden lassen.

Ein britischer Hersteller etwa produziert einen schräg abgewinkelten Toilettendeckel, auf dem man bequem etwas seitlich sitzt und so dem Zusammenstoß mit dem Waschbecken oder der gegenüberliegenden Wand aus dem Wege geht.

Bei überwiegend männlichen Hausbewohnern empfiehlt sich ein Urinal, das weniger Platz beansprucht als ein normales Toilettenbecken. Aus Skandinavien hört man, dass dort an der Entwicklung eines Urinals für Frauen gearbeitet wird; es ist allerdings noch nicht auf dem Markt.

In einem Gäste-WC sollte man die Ablagefläche des Waschbeckens nicht mit irgendwelchen Utensilien voll stopfen. Eine Seifenschale oder ein Seifenspender genügt. Vermeiden Sie überdimensionierte Accessoires und dekorative, aber überflüssige Nippes.

Wie im Minibad sind Schränke oder Unterbauwaschtische auch in der Gästetoilette unangebracht, da sie den Raum noch mehr einengen. Wenn man dringend Stauraum braucht, könnte man eventuell unter dem Waschbecken zwei schmale, kurze Regalbretter an der Wand befestigen, wobei das obere etwas breiter und länger sein darf als das untere. Wenn man das, was man dort aufbewahrt, unbedingt verdecken will, genügt ein schlichter Stoffvorhang, an dem man sich im Übrigen nicht die Knie wundstoßen kann.

Wenn überhaupt, sollten Wandschränkchen nur über dem Waschbecken angebracht werden, und zwar so, dass sie keinerlei Verletzungsgefahren bereithalten.

Die Innenseite der WC-Tür könnte sich als Spiegel- oder Handtuchstangenhalter nützlich machen. Sogar der Papierrollenhalter ließe sich an ihr befestigen.

Unten Diese Tapete in Schwarz und Silber hat eine glänzende Oberfläche, die eine fensterlose Gästetoilette aufhellen kann.

Unten rechts Spiegel eignen sich zur Verkleidung von Spritzwänden hinter Waschbecken.

Rechte Seite Spiegel erweitern den Raum optisch und machen die Ausstattung augenfälliger. Dass jemand in eine Mattglasscheibe läuft, ist eher unwahrscheinlich, bei einer Klarglasscheibe kommt es schon einmal vor. Hier ist die Mattglasscheibe in der richtigen Höhe angebracht, um ein gewisses Maß an Sichtschutz zu gewähren.

Duschen und Nasszellen

Ein Duschbad erfrischt und belebt. Im Fernen Osten glaubt man, dass das über den Körper strömende Wasser unser Chi verstärkt, unsere positive Energie. Bei einem Duschbad werden außerdem alle abgestorbenen Hautschuppen und Ausdünstungen sofort weggespült, die im Badewasser bleiben. In Japan duscht man zuerst, um den Körper zu reinigen, und sitzt dann in einem mit heißem Wasser gefüllten Holzbottich, um sich aufzuwärmen und zu entspannen.

Für viele ist das Duschbad am Morgen der ideale wachmachende Einstieg in den Tag. Nach einem anstrengenden Tennismatch oder nach schweiß-treibendem Fitnesstraining ist eine erfrischende, kühlende Dusche ebenfalls angenehmer als ein Vollbad. Auch für Menschen mit Gelenkproblemen und steifen Gliedern ist es leichter, in eine Duschkabine zu gehen als in eine Badewanne zu steigen – und wieder herauszuklettern!

Ein Duschbad nimmt weniger Zeit in Anspruch. Es ist umweltfreund-licher, weil es weniger Strom und Wasser verbraucht (ein Vollbad ver-schlingt fünfmal so viel Wasser wie ein durchschnittlich langes Duschbad).

Wenn Sie den Einbau einer Dusche planen, müssen Sie wissen, mit welcher Druckstärke Wasser in Ihr Haus fließt (meistens in Bar gemessen). Wenn der Druck für eine kräftige Brause nicht ausreicht, muss nämlich eine Pumpe installiert werden. Andererseits herrscht häufig Konfusion über den erforderlichen Wasserdruck. Manch einer denkt vielleicht, der Wasserstrahl müsse so »durchschlagend« sein, dass er einen von einer Seite der Duschkabine zur anderen schleudert, aber man braucht nur einen ausreichend großen Brausenkopf, um ganz »im warmen Regen« zu stehen. Ebenso wichtig wie die Größe der Brause ist die effiziente Wassernutzung: Mit Luftbläschen versetztes Wasser erweckt den Eindruck eines kräftigen Wasserstrahls, verbraucht aber weniger Wasser als die normalen Brausenköpfe älterer Bauart.

Als Faustregel gilt, dass eine Dusche, die ohne Pumpensystem zu-frieden stellend arbeiten soll, mindestens 4 Meter vom Boden des darüber liegenden Wassertanks entfernt sein muss. Wenn Sie kein Wasserreservoir haben, Ihr Wasser direkt aus der Hauptsteigeleitung beziehen und es über einen Boiler erwärmt wird, können Sie höchstwahrscheinlich gar keine Pumpe installieren.

Hier bietet sich ein elektrischer Durchlauferhitzer als Warmwasser-lieferant an. Er wird einfach im Bad (in der Dusche) an die Kaltwasser-leitung angeschlossen und heizt das Wasser unmittelbar dann, wenn es gebraucht wird, sodass keine Heizenergie verschwendet wird. Dann gibt es noch die Mischbatterien und Thermostatarmaturen, die heißes und

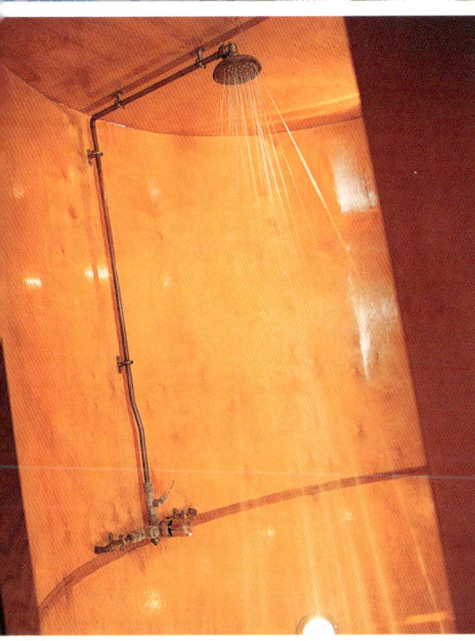

Linke Seite **Diese geräumige Duschkabine wird über ein Fenster natürlich
belichtet. In Räumen, die absolut
wasserdicht sein sollen, müssen die
Wände mit einer Plastikmembrane
versiegelt werden, bevor man die
Wandverkleidungen aufbringt.**

Ganz oben **Mosaiksteine werden
in größeren Flächen auf Maschen-
gitter geliefert, damit sie sich besser
verlegen lassen.**

Oben **Diese Duschzelle wurde mit
Birkensperrholzplatten verkleidet.**

Rechts **In dieser Duschkabine hellen
kreisrunde weiße Fliesen die dunklen
Betonwände und die Decke auf.**

kaltes Wasser bis zur gewünschten angenehmen Temperatur vermischen. Beide sind mit eingebauten Pumpsystemen lieferbar, die auch den Wasserdruck regeln. Des Weiteren sind Pumpen auf dem Markt, die vor dem Hauptwasseranschluss installiert werden können und den Wasserdruck im ganzen Haus regeln – oder aber nur den im Badezimmer oder in der Dusche. Die Wahl des für Ihr Duschbad am besten geeigneten Pumpsystems hängt von der Art der Dusche ab. Ist es eine simple Kopf- oder Handbrause oder ein Duschpaneel, dessen Düsen sich auf sanftes Rieseln oder kräftigen Massagestrahl einstellen lassen? Konsultieren Sie auf jeden Fall den Fachmann!

Als Erstes muss überhaupt geklärt werden, ob der Raum, den Sie zur Dusche umbauen lassen wollen, einen direkten Anschluss an die Hauptsteigeleitung und Abwasserrohre besitzt oder ermöglicht oder ob er viel zu weit davon entfernt ist.

Wände, Türen, Vorhänge & Co.

Zahlreiche Hersteller bieten eine Fülle von Duschkabinen, Duschwänden und -vorhängen in allen möglichen Varianten an. Für kleine Bäder ist ein Duschvorhang über der Badewanne vielleicht am besten oder, noch besser, eine Kabine aus Sicherheitsglas, entweder über der Badewanne oder als kompakte Dusche.

Wenn Sie sparen müssen und sowieso lieber duschen, besteht die billigste und einfachste Lösung in einer wandmontierten Kopfbrause über der Duschwanne, die von einem hübschen Vorhang verschlossen wird. Bei einer in eine vorhandene Nische eingebauten Dusche wird er an einer zwischen die Wände eingespannten geraden Stange aufgehängt, bei einer Eckdusche an einer L-förmigen Stange, sodass die Duschwanne auf zwei Seiten vom Vorhang umgeben ist. Oder man wählt eine ringförmige Vorhangstange, die von der Decke an Ketten über der Badewanne oder der Duschtasse aufgehängt wird. Duschvorhänge werden meist aus bedrucktem PVC hergestellt, in den letzten Jahren aber auch aus anderen Materialien und in immer originelleren Farben und Mustern.

Wenn der Gedanke an einen Duschvorhang Sie kalt lässt, könnten Sie sich vielleicht für eine Sicherheitsglasdusche erwärmen. In ihrer einfachsten Form – eine feste Glasscheibe auf dem Rand einer Badewanne – lässt sie zwar die größte Wassermenge in die Wanne abfließen, der Rest spritzt jedoch heraus. Eine verlässlichere Lösung besteht in einer Gleittür- oder Falttürkonstruktion, sodass

man ein Glaspaneel noch weiter herausziehen kann und die »Kabine« wasserdichter wird. Ideal ist eine Gleittürkonstruktion über die gesamte Länge der Badewanne – mit einem festen Paneel am Kopf- oder Fußende der Wanne, wenn diese nicht auf drei Seiten von Wänden eingefasst wird. Das »feste Paneel« kann auch eine nicht tragende Rigips- oder andere Leichtbauwand sein, die sich außen verputzen und innen wasserdicht fliesen lässt und an der man die Gleit- oder Falttürkonstruktion auf der einen Seite befestigen kann.

Unten und rechte Seite **Bei der Planung einer zusätzlichen Dusche oder Nasszelle muss man das Gewicht der Wandverkleidungen und Bodenbeläge einkalkulieren. In einem großen Raum in einem oberen Geschoss könnte das Gesamtgewicht die tragenden Balken und Wände** eines Altbaus unter Umständen zu stark belasten. **Wenn Sie Schieferplatten bevorzugen, sollten Sie in einem solchen Fall ganz dünne für die Wände und etwas dickere für den Boden wählen. Mosaiksteinwände müssen besonders sorgfältig verfugt werden.**

Bei einer frei im Raum stehenden Badewanne könnte man alternativ ein Paraventgestell mit Duschvorhang um die Wanne aufstellen, das man nach dem Duschen oder Baden wieder wegräumt, wenn der Vorhang trocken ist.

Zu den Möglichkeiten für größere Bäder gehören zweiwandige oder halbrunde Duschen, Duschzellen als Sondereinbauten (je nach Größe und Grundrissform des zur Verfügung stehenden Raums) und »eigenständige« Duschkabinen. Wenn die Dusche an einer Wand installiert werden soll, benötigt man zwei Seitenwände und eine Tür, wenn sie in eine Ecke ein-gefügt wird, entweder eine halbrunde Duschwand mit integrierter Tür oder eine Kombination aus festen und Gleit- oder Faltpaneelen. Die Rück- bzw. Eckwände sollte man am besten fliesen oder mit einem anderen wasserdichten Material versiegeln. Mehrere Schichten Ölfarbe wären hier die billigste Lösung. Die heute lieferbaren luxuriöseren Duschkabinen-wände bestehen vorwiegend aus Sicherheitsglas. Der Markt bietet hier

eine große Auswahl unterschiedlicher Modelle. Die platzsparendsten Lösungen bestehen in einer zweiteiligen Falttür (mit Scharnieren in der Mitte), die man von innen nach innen aufzieht (wobei man sich in der Kabine leicht »in die Enge« getrieben fühlen kann), oder Gleittüren.

Wenn man sich den Luxus der großen Quadratmeterzahlen leisten kann, besteht die ideale Lösung in einer Duschkabinentür, die nach außen aufgeht. Bei den luxuriöseren Ausführungen hängt die Tür nicht in Gelenk-scharnieren, sondern dreht sich um einen Mittelpfosten.

Um den verfügbaren Raum optimal zu nutzen, lässt man die Dusch-kabine am besten speziell entwerfen und installieren. Eine solche Sonder-anfertigung ähnelt einer Nasszelle, erfordert aber keine festen raumhohen Seitenwände, sondern nur eine einzige Raumwand mit Wasser- und Elektroanschlüssen, und kann in kleinste Ecken und Nischen eingepasst werden. Als Seitenwände lassen sich gefliese oder mit Ölfarbe ge-strichene Rigips-Gerippewände verwenden. Die Breite dieser Nasszelle

Oben und oben rechts
Individuelle Lösungen für Rest-nischen: Duschkabinen nach eigenen Wünschen und Mög-lichkeiten, hier mit Mattglastür und Gerippewand und zwei großen Kopfbrausen, deren Rohrgestänge ein plastisches Deckenornament bilden.
Rechts **Der Boden muss sich so zum Abfluss neigen, dass das Duschwasser vollständig abfließt.**
Rechte Seite **Eine kreisrunde Duschtasse und gebogene Seitenwände bieten viel Ellen-bogenfreiheit.**

hängt von der Breite der gewählten lieferbaren Kabinentür ab. Hier kann man ein seitlich angeschlagenes einflüge-liges Modell oder eine Doppeltür wählen, die sich in der Mitte öffnet, alternativ eine Falt-, Pendel- oder Drehtür. Bei ausreichender Kabinen- oder Nischentiefe kann man unter Umständen auch ganz auf eine Tür verzichten, wie einige Abbildungen zeigen.

Benötigt man zusätzlichen Stauraum, könnte man die Duschnische mit einer Zwischendecke versehen, sodass ein kleiner Hängeboden entsteht. Auf diese Weise ist es möglich, die Kopfbrause in die Zwischendecke einzulassen und zusätzlich seitliche Wanddüsen zu installieren.

Auch die Innenbeleuchtung sollte nicht vergessen werden, denn in einer tiefen Wandnische ist es unter Umständen finster. Deshalb sollten speziell für Bade-zimmer und Feuchträume entwickelte Beleuchtungs-

körper installiert werden. Normale Leuchten sind nicht gegen Luft-feuchtigkeit und Kondenswasser isoliert und für Badezimmer daher nicht geeignet. Am elegantesten und sichersten sind in die Decke integrierte Modelle.

Die Wände der Dusche können auch aus Glasbausteinen gemauert werden, die nicht nur lichtdurchlässig, sondern auch wasserdicht sind. Sie sind entweder aus Klarglas oder aus Buntglas lieferbar – grün, türkis, königs-blau, golden etc. –, sodass man die Wände einfarbig oder in einem bunten Farbengemisch gestalten kann. Hochwertige Glasbausteine sind mit einer PVC-Manschette erhältlich, deren Rillen wie Nut und Feder ineinander greifen, sodass man sicherstellen kann, dass die Steine bündig übereinander passen, bevor man sie mit einem Spezialkleber fest verbindet.

Die dritte Lösung besteht in einer frei stehenden Duschkabine mit integrierten Ablagen, die sich praktisch überall aufstellen lässt, wo Wasser-

anschluss und Abfluss gegeben sind. Derartige Kabinen eignen sich ideal zum Einbau in kleine Kammern, begehbare Schränke oder größere Nischen in Schlafzimmern oder wo immer man eine unmittelbar zugängliche Dusche braucht. Da sie komplett vorgefertigt sind und keinerlei Fliesen-arbeiten erfordern, lassen sie sich ohne großen Aufwand überall da aufstellen, wo ein Wasseranschluss vorhanden oder möglich ist. Die außer in Weiß in verschiedenen Pastellfarben lieferbaren Standardmodelle sind meist eher praktisch als elegant; es gibt Eckduschen, rechtwinklige Ausführungen mit allen möglichen Türen, einige mit einer durchschei-nenden oder durchsichtigen Decke, damit der recht enge Innenraum nicht zu dunkel und klaustrophobisch wirkt.

Zahlreiche Hersteller bieten aber auch großzügigere Modelle und Luxusausführungen in verschiedenen Materialien und Formen an: frei stehende Kabinen mit Dampfbad- oder Saunatechnik, Massagedüsen in Fuß-, Rücken- und Schulterhöhe, Innenbeleuchtung und Aroma-zerstäubern. Dazu vielleicht noch mit plastisch geformtem Wandsitz und elektronischem Reguliersystem, damit man die verschiedenen Düsen in zeitlicher Abfolge und auf die gewünschten Wasserstrahlstärken einstellen kann. Die meisten sind mit Thermostat-Mischbatterien ausgestattet.

In den fabrikfertigen Eck- und Wandduschen oder frei stehenden Duschkabinen sind die Ablagen bereits integriert. In einer nach eigenen Wünschen gebauten Dusche können Sie Wände und Boden der Miniatur-nasszelle fliesen und ganz nach Belieben Duschregale und vielleicht auch einen Wandklappsitz anbringen oder Ablagenischen und einen Mauer-vorsprung als Sitzbank in die Wand einarbeiten (lassen!).

Duschregale gibt es in Hülle und Fülle: aus Kunststoff, Edelstahl, Emaille, Glas, Acryl und – der organisch-ökologischen Trendwelle folgend – aus Holz, Korbgeflecht oder Naturstein; zum Einhängen, Andübeln, Aufstellen; oval, rund, drei- oder rechteckig. Modelle aus rutschfesten Materialien und/oder mit wulstigem bzw. hochstehendem Rand bieten sich gleichzeitig als Haltegriffe an.

Für die Höhe der Kopfbrause gibt es keine Standardvorschrift, sie muss individuell je nach Körpergröße der Benutzer oder des Benutzers festgelegt werden, am besten jeweils etwa 15 Zentimeter über der Schädelkrone. In Haushalten mit Kindern empfiehlt sich der Einbau einer an einer Halte-stange vertikal verschieblichen Handbrause statt einer fest montierten Kopfbrause.

Linke Seite **Die Dusche in diesem eleganten Bad besteht lediglich aus einer tiefen Wandnische ohne Tür, mit Kopfbrause und Armatur in der rechten Seitenwand und zentralem Abfluss.**
Links **Schmale Glasplatten bilden ein**

Regal in dieser bewusst »industriell« gestalteten Dusche, deren Wände mit grauem Mörtel ohne Sandzuschlag verputzt sind – einem wasserdichten Material, das sonst für Schwimmbecken verwendet wird. Der Fußboden besteht dagegen aus poliertem Schiefer.

Rechts **Eine mit Steinplatten ausgekleidete große Nasszelle braucht natürlich einen Heizkörper, um ein warmer, einladender Raum zu sein. Da Elektrizität und Wasser im Verbund eine tödliche Mischung ergeben, sollte der Heizkörper (wie auch die Beleuchtung) vom Fachmann installiert werden.**

Rechte Seite oben **Der Knauf dieser schlichten und formschönen Thermostat-Mischbatterie lässt sich mühelos drehen.**

Rechte Seite unten **Leistungsfähige Abflüsse mit ebener Loch- oder Gitterabdeckung sind in einer Nasszelle unerlässlich. Dass sie auch noch schön sein können, belegt diese Abbildung.**

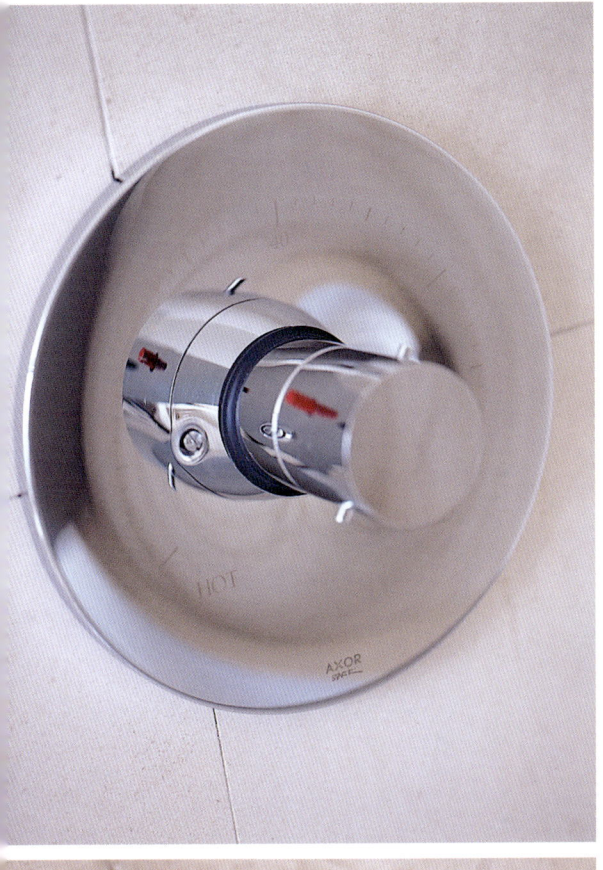

Technische Neuerungen ermöglichen heute ein bequemeres – und schnelleres – Duschvergnügen als früher. Der Markt bietet Brausen mit exakt auf die Uhrzeit des morgendlichen Duschbades vorprogrammierbaren Wassertemperaturen und Strahlarten. Das Duschkabinenmodell Logic Curva des britischen Herstellers Vernon Tutbury sowie die in Deutschland zum Beispiel von Jacuzzi Whirlpool GmbH vertriebenen amerikanischen Luxuskabinen oder einige wenige Duschkabinenmodelle von Keramag und anderen Herstellern sind sogar mit Telefon- und Audiosystemen und elektronischen Steuerungen mit Digital-Display ausgestattet, sodass man die Temperatur und Wasserstärken einstellen oder ablesen kann, bevor man in die Dusche steigt. Bei diesen Luxusausführungen wird Bequemlichkeit groß geschrieben: Natürlich enthalten sie integrierte Sitze für diejenigen, die abends bei der Dampfbaddusche entspannen möchten. Aber auch für die »normaleren« Duschzellen sind Wand- und Klappsitze aus Holz, gelochtem Edelstahl oder Kunststoff und Keramik erhältlich. Letztere lassen sich in eine tragende Rückwand einmauern.

Für viele ist das erfrischende Duschbad am Morgen der ideale wachmachende Einstieg in den Tag.

Obwohl komplette Duschen aus Acryl-, Glasfaser- und Kunstharzgemischen auf dem Markt sind, bleibt Glas doch das beliebteste Material für Türen und Spritzschutzpaneele, meist in Form von sechs bis acht Millimeter dickem Sicherheitsglas – glatt und vollkommen transparent, strukturiert, sandgestrahlt, gefrostet, mit dezenten Mustern siebbedruckt. Wer bereits eine Dusche mit ungemusterten Scheiben besitzt und sich ein Muster wünscht, findet möglicherweise passende Aufkleber oder Folien, die außen anzubringen sind. Technische Neuerungen in der Beschichtung, Härtung und Formung großer Glasscheiben machen es heute möglich, rahmenlose Spritzwände und Duschkabinentüren als rechtwinklige oder viertelkreisrunde Modelle zu erschwinglichen Preisen herzustellen. Inzwischen gibt es sogar Glasscheiben mit einer Spezialbeschichtung, von der das Wasser abperlt, ohne Kalk- und andere Flecken zu hinterlassen.

Nasszellen

Eine Nasszelle ist schlicht und einfach eine Dusche in einem vollkommen wasserdicht versiegelten kleinen Raum mit einem zum (meist zentralen) Abfluss hin sanft geneigten Boden. Auf dem europäischen Kontinent hat sich diese Form bereits durchgesetzt. Sie räumt auf mit der Enge fabrikfertiger Duschkabinen. Nasszellen sollten vom Fachmann installiert werden, denn es ist unter Umständen erforderlich, Wände und Boden unter den Wand- und Bodenfliesen mit einer widerstandsfähigen Plastikmembran auszukleiden, um jede Undichtigkeit auszuschließen. Und die Neigung des Fußbodens muss präzise berechnet und ausgeführt werden, damit das Wasser vollständig im Abfluss verschwindet und keine Pfützen hinterlässt.

Die Kopfbrause kann entweder in der Decke oder in der Wand montiert werden; als Armatur genügt eine schlichte Thermostatbatterie mit Drehknauf – wie abgebildet. Die Nasszelle bietet ausreichend Platz für einen Hocker und einen Behälter – vielleicht einen Saunaeimer – für die Bürsten oder Luffas, die man für eine Trockenmassage vor dem Duschbad oder ein Abrubbeln hinterher benötigt. Auch hier sind niedrige Wandvorsprünge oder Bänke als Sitzgelegenheiten denkbar oder

Rechts und unten **Schieferplatten als Wandverkleidung und Bodenfliesen** erfreuen sich zunehmender Beliebtheit, weil sie eine unregelmäßig strukturierte Oberfläche haben und großformatig lieferbar sind, sodass sie ein Minimum an Verfugung erfordern. Nass ist Schiefer von einem dunkleren Grau als trocken. Sein Anthrazit harmoniert gut mit grünlichem Glas, silberfarbenen Armaturen und weißem Frottee.

Rechte Seite **Zwei Mattglastüren markieren die Grenze zwischen den verschiedenen Bereichen dieses Badezimmers: Die eine schließt die Toilette in einer Nische ab, die andere führt in die Dusche, in der sich eine Betonkonsole als Ablagefläche nützlich macht.**

aber Wandnischen als Ablageflächen. Wenn die Nasszelle sehr klein und fensterlos ist, empfiehlt es sich, die Badetuchhalter oder -ständer nicht innen, sondern etwa im Flur unterzubringen, da die Tücher sonst nass gespritzt oder vom Dampf feucht werden. Wenn die Nasszelle größer und die Entlüftung effektiv ist, sollte die Luftfeuchtigkeit rasch wieder sinken.

In einer mit kalten Steinfliesen ausgelegten und raumhoch gefliesten Nasszelle ist eine in den Fußboden oder in die Wand integrierte Heizung empfehlenswert. Die Installation der Heizschlangen sollte ausschließlich durch einen Fachmann in Zusammenarbeit mit dem Sanitärinstallateur erfolgen, die beide garantieren können, dass die Heizung wasser- und feuchtigkeitsresistent und der Raum absolut wasserdicht ist. Auf diese Weise stellen Sie sicher, dass Wände und Decken angrenzender oder darunter liegender Räume in Zukunft keine Wasserschäden erleiden.

Wenn die Entlüftung einer Nasszelle nicht optimal funktioniert oder wenn das Wasser bestimmte Salze oder Chemikalien enthält, wird der Fugenmörtel bzw. das synthetische Fugendichtmittel zwischen den Fliesen schnell schimmelfleckig. Sie sollten daher versuchen, ein Dichtmittel zu finden, das die Entwicklung von Schimmel zumindest verzögert und außerdem farbecht ist. Die Fliesenwände und Bodenfliesen brauchen sorgfältige, regelmäßige Pflege, damit sie nicht zerkratzen oder von Kalkablagerungen matt und unansehnlich werden. Villeroy & Boch zum Beispiel hat die Ceramic-Plus-Oberfläche entwickelt, die so glatt ist, dass Kalk und Schmutz keine Chance haben, nach Abfließen des Wassers hässliche Flecken zu hinterlassen.

3

AUSSTATTUNG

Beleuchtung

Sanitärobjekte

Technische Ausstattung

Möbel

Accessoires

WENN SIE WISSEN, IN WELCHEM STIL SIE IHR BAD EINRICHTEN WOLLEN,

UND DIE RAUMEINTEILUNG WEITGEHEND FESTLIEGT, BEGINNT DIE

SUCHE NACH LAMPEN, SANITÄRKERAMIK, MÖBELN UND ACCESSOIRES

IM RAHMEN IHRER FINANZIELLEN UND RÄUMLICHEN MÖGLICHKEITEN.

DABEI SIND AUCH FARBEN UND SCHMÜCKENDE ELEMENTE WICHTIG.

ALLES ZUSAMMEN SOLLTE EIN EFFIZIENTES, SICHERES, BEQUEMES UND

SCHÖNES BAD ERGEBEN.

Die große Auswahl an Badezimmereinrichtungen jeder Art – von Armaturen, Fliesen, Sanitärkeramik bis zur

Badematte – ist geradezu Schwindel erregend. Wenn irgend möglich, sollten Sie den Gegenstand ihrer Wahl

»in natura« anschauen bzw. sich im Fall von Fliesen, Stoffen etc. Muster besorgen, denn was im Katalog

professionell arrangiert und beleuchtet überzeugt, verliert bei näherer Betrachtung des Dings an sich im Laden

oder in Ihrem frisch gemalerten Bad unter Umständen an Glanz.

Am besten beginnt man mit den Sanitärobjekten – Badewanne, Wasch- und Toilettenbecken, Bidet –, die

meist als »Produktfamilie« im gleichen Material und Stil lieferbar sind und so für Einheitlichkeit sorgen.

Wenn Sie ein »Themenbad« einrichten wollen, beeinflusst das die Wahl dieser Objekte, was deren Formen

und Farben angeht. Ein Jugendstilbad erfordert zum Beispiel die entsprechenden rechtwinkligen Modelle,

während ein modernes Design Sie verlocken könnte, einen frei stehenden runden Waschtisch mit Glasbecken

zu installieren.

Wenn Sie Ihre Wahl getroffen und sichergestellt haben, dass die Sanitärteile in Größe und Form Ihren

Bedürfnissen genügen, steht die Auswahl der Armaturen an. Auch dabei sollte man die Hebel und Drehknöpfe

beim Fachhändler begutachten und betätigen, um sich zu vergewissern, dass sie leichtgängig sind, gut in der

   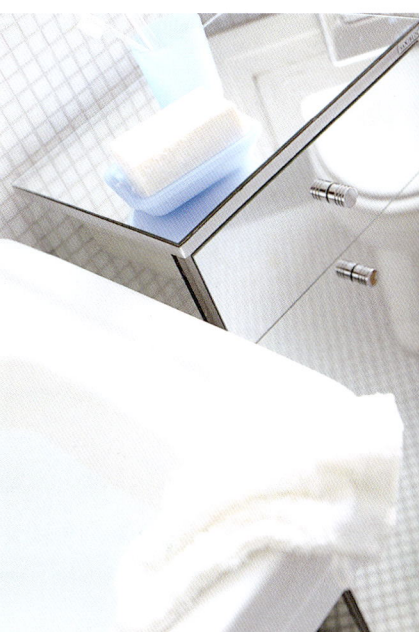

Hand liegen und im Design zur übrigen Einrichtung passen. Die Badewannenarmatur muss danach ausgesucht

werden, ob der Wannenrand ein Loch oder mehrere Löcher hat – oder gar keines. Bei einigen Modellen ist

eine Einlochbatterie vorgesehen, bei anderen Zwei-, Drei- oder Vierlochbatterien (Letztere für einen Wasser-

hahn, zwei Griffe und die Handbrause). »Ungelochte« Wannen erfordern Armaturen für die Wandmontage.

Die Beleuchtungskörper sollten sorgfältig ausgewählt und angeordnet werden, damit sie sowohl funktional

als auch formschön sind und verschiedene Lichtstimmungen erzeugen können. Dabei sind die geltenden

Sicherheitsbestimmungen zu beachten, da Wasser und Strom eine gefährliche Mischung darstellen.

Meist benötigt man im Bad nur wenige Möbelstücke: außer einem Spiegelschrank über dem Becken, einem

Waschtisch-Unterschrank und einem Regal oder schmalen Schränkchen einen Wäschekorb und einen Hocker

oder (wenn Platz ist) einen bequemen Korbsessel.

Die Auswahl weiterer Ausstattungsstücke hängt von den Farben, Formen und Stilen der Armaturen und

Sanitärobjekte ab. Wenn Sie sich zum Beispiel für Chrom- oder Edelstahlteile entschieden haben, sollten

Zahnputzhalter, Spiegelrahmen, Handtuchhalter und andere Metallteile vorzugsweise nicht in Messing oder

anderen goldfarbigen Materialien glänzen.

Beleuchtung

Wie bereits erwähnt, sind Wasser und Elektrizität zusammen eine Gefahr für Leib und Leben, deshalb sollte man Elektroarbeiten im Bad unbedingt vom Fachmann ausführen lassen, der die erforderlichen Sicherheitsstandards gewährleistet. Da man im Badezimmer häufig weder durch Kleidung noch durch Schuhe geschützt ist, sollte man zur eigenen Sicherheit alle Vorschriften in Bezug auf elektrische Geräte und Beleuchtungskörper beachten.

Jede Lampe, die man im Badezimmer aufstellen oder anbringen will, sollte besonders für Nasszellen geeignet sein. Das bedeutet, dass die elektrischen Kontakte gegen Korrosion durch Luftfeuchtigkeit und Kondenswasser speziell isoliert sind. Hochspannungslampen sollten nur über Zugkordeln im Bad oder Schalter außen vor der Badezimmertür schaltbar sein, damit ein Kontakt nasser Hände mit elektrifizierten Teilen unmöglich ist. Lichtschienen oder Niedervolt-Seilsysteme sind ungeeignet, da sie stets die Gefahr des direkten Kontaktes mit unter Strom stehenden Teilen in sich bergen. Dicht versiegelte Niedervoltstrahler mit doppelt isoliertem Transformator sind dagegen unbedenklich. Wenn erst einmal die Sicherheitsfragen zufrieden stellend geklärt sind, können Sie zum kreativen Teil der Lichtgestaltung übergehen.

Tageslicht ist natürlich die beste und billigste Lichtquelle. Man sollte es daher optimal nutzen, indem man das Waschbecken so nah wie möglich am Fenster – falls vorhanden – anbringen lässt. Zusätzliche Kunstlichtquellen sind selbstverständlich ebenfalls erforderlich – in den dunklen Stunden des Tages und der Nacht sowieso, aber auch wenn an trüben Tagen das natürliche Licht nicht ausreicht.

Verschiedene Arten Kunstlicht

Im Bad benötigt man zwei Beleuchtungsstärken: eine helle, gleichmäßige Ausleuchtung für jede Art von »Feinarbeit« und gedämpftes Licht beim Entspannen in der Badewanne. Wenn man beides haben möchte, erfordert das eine sorgfältige Planung. Dabei sind zwei getrennte Stromkreise von Vorteil, die über Verdunklungsschalter (Dimmer) außen an der Badezimmertür betätigt werden. Inzwischen gibt es vorprogrammierbare Digital-

Oben **Die Mattglasscheiben lassen Tageslicht in den Raum einfallen, schützen ihn aber vor Einblicken.**

Rechte Seite außen **Die hochrechteckigen Glasscheiben streuen das Tageslicht und sorgen für angenehme Beleuchtung.**

Kleine Abbildungen **Eine gefliese Fensterbank dient als Ablage; das Waschbecken mit Spiegel am Fenster bietet optimale Lichtverhältnisse zum Rasieren oder Schminken.**

schalter, mit denen man die Beleuchtung auf hell oder gedämpft einstellen und auf spezielle Bereiche ausrichten kann, sodass man jeweils nur noch die richtige Nummer anzutippen braucht. Zusätzlich zur Deckenleuchte oder zu den Punktstrahlern könnte man auf halber Höhe Wandfluter anbringen, die ein warmes Licht ausstrahlen und die Kühle der Deckenbeleuchtung abmildern.

In Deckenmitte empfiehlt sich die Installation einer funktionalen Lampe, die Raumlicht verbreitet, das heißt den ganzen Raum ausleuchtet, und die man einschaltet, wenn man das Bad betritt. Am besten nimmt man eine

mit integrierten Rasierer-Steckdosen erhältlich. Einen bogenförmig gerundeten Spiegel über dem Waschbecken oder auf dem Schminktisch könnte man zum Beispiel auch – in Anlehnung an die Garderoben der Hollywood-Filmstars – mit mattierten oder goldfarben verspiegelten Glühbirnen umranden, wobei darauf zu achten ist, dass diese in Sicherheitsfassungen installiert werden. Nackte Glühbirnen sind vielleicht nicht die eleganteste Lösung, können aber je nach Gesamtausstattung und persönlichem Geschmack pfiffig und durchaus angebracht wirken.

Halogenstrahler und andere gerichtete Lampen eignen sich besonders in Bereichen, die nur wenig Tageslicht oder Raumlicht erhalten, etwa die in einer Nische oder hinter einer kurzen Wand untergebrachte Toilette oder Dusche.

Eine weitere interessante Mischung sind Deckenventilatoren mit integrierten Lampen bzw. Strahlern – ideal in einer kleinen Gästetoilette oder einem Minibad, da der Ventilator zugleich mit dem Licht angeht, wenn man den Schalter betätigt. Für kleine, fensterlose Räume, in denen selbst ein kleiner Heizkörper kostbaren Platz stehlen oder nicht ausreichend Wärme schaffen würde, gibt es in England die Variante der Licht-Heizlüfter, die in Außenwände einzubauen sind und über Zugschnüre betätigt werden. In Deutschland zum Beispiel ist ein solches Gerät unbekannt, und der geneigte Leser wird gebeten, sich bei Interesse in England auf die Suche zu begeben.

Auswahl der passenden Leuchten

Der Markt bietet zwar eine aufgrund der Sicherheitsbestimmungen begrenzte Auswahl an Badezimmerleuchten, die aber dennoch umfassend genug ist, um die Qual der Wahl zu verursachen. Es gibt historisierende Modelle mit Opalglasschirmen und Messing- oder Chromteilen, Deckenspots mit mehreren flexibel drehbaren Armen, runde, ovale, rhombenförmige oder quadratische Wandleuchten, Wandfluter in allen möglichen Varianten, viele mit durchscheinenden oder undurchsichtigen Glasschirmen, die ein weicheres Licht ergeben als Klarglas.

Eine flache Glasschale oder runde Scheibe mit Metallfassung ist nicht die einzige sicher versiegelte Leuchtenform. Erhältlich ist immer noch die gute alte Glaskugelleuchte für die Decken- oder Wandmontage, Glasschirme im Art-Déco-Stil oder »Fackeln« mit flammenartig geformten Mattglaslampen oder Schiffsbullaugen nachempfundene Decken- oder Wandleuchten, die zum Beispiel in einem nautisch inspirierten Badezimmer nicht fehlen dür-

Oben **Eine Lampe ist so in die Ablage über dem Waschbecken integriert, dass Vase und Fläschchen von unten angestrahlt werden und der Wandspiegel das Licht indirekt reflektiert.**
Rechte Seite **In die Decke eingelassene Punktstrahler lassen sich auf bestimmte Bereiche ausrichten. Sie sind ideale Lichtquellen in Bädern, in denen alle Lampen gegen Luftfeuchtigkeit versiegelt sein müssen.**

schlichte Kugel- oder Schalenleuchte – oder aber in die Decke eingelassene Strahler. Letztere eignen sich besonders für ein kleines Bad mit niedriger Decke, da sie ja nicht herunterhängen und also die Bewegungsfreiheit der Nutzer nicht einschränken können. Zum Rasieren, Schminken etc. benötigt man zusätzlich eine oder mehrere gerichtete Lichtquellen im Waschbeckenbereich.

Derartige Lampen sollten eine klare, schattenfreie Belichtung erzeugen. Ein Halogenstrahler-Seilsystem, eine Tungsten- oder Neonröhren-»Lichtschiene« oder zwei auf der richtigen Höhe angebrachte Wandlampen zu beiden Seiten des Spiegels sind hier die besten Lösungen. Viele Spiegelschränke sind bereits mit Halogenstrahlern oder anderen Lichtquellen ausgestattet und Neonlampen sind

Rechts **Dieser Badezimmer-Spiegel-schrank ist mit einem Strahler unter dem Spiegel und seitlich eingelassenen Lämpchen ausgestattet – was an eine Theatergarderobe erinnert. Im Spiegel-bild sieht man, dass der Raum zusätzlich von Deckenstrahlern gleichmäßig ausgeleuchtet wird.**

Rechte Seite (im Uhrzeigersinn von oben links) **Hell schimmernde Wände reflektieren Licht und reduzieren den Kunstlichtbedarf; der Vergrößerungs-spiegel ist von einem Lichtring gerahmt. Wand- oder Deckenfluterlampe mit Metallgriff zum Schwenken. Zwei schlichte Glaskugeln auf Konsolen. Wandleuchte mit konischem Schirm, die nach unten und nach oben ausstrahlt.**

fen. Weißes oder klares Glas ergibt zwar ein helleres, »zweckdienlicheres« Licht für die Verrichtungen im Badezimmer, Lampenschirme aus Buntglas oder farbige Glühlampen setzen jedoch dekorative Akzente und bringen mehr Lebensfreude hinein. Man könnte daran denken, die weißen oder klaren einerseits und die bunten Lampen andererseits über getrennte Stromkreise zu schalten, damit man zum Beispiel zum beruhigenden Schaumbad nur das gedämpfte farbige Licht anknipsen kann.

Spezialeffekte

Im Anschluss an das »funktionale Programm«, das Sie in Ihrem Bade-zimmer absolviert haben, möchten Sie den Raum vielleicht in einen Ort der Stille und Entspannung verwandeln. Dazu brauchen Sie nur das zentrale Deckenlicht auszuschalten und vorhandene Wandlampen oder Wandfluter zu dimmen. Experimentieren Sie mit verschiedenen Lichtmischungen, bis Sie die für Sie persönlich entspannendste Wirkung erzielen. Vielleicht schalten Sie nur einen einzigen Punktstrahler über der Badewanne an oder lassen die Wanne im Dunkeln und dimmen nur die Wandlampen.

Eine beruhigende, aber nicht zu dramatisch wirkende Lichtstimmung lässt sich optimal über dimmbare Wandleuchten erzeugen. Einige Whirl-poolwannen sind mit Strahlern und Dimmschaltern zur Unterwasserbe-leuchtung ausgestattet, sodass sie in einem abgedunkelten Badezimmer als

funkelnde Lichtquelle und optische Attraktion wirken. In den Boden ein-zulassende Leuchtenmodelle sind zum Beispiel mit dicken, flach kuppel-förmigen Rillenglasdeckeln in Metallfassungen erhältlich, sollten allerdings niemals in die Hauptverkehrsflächen in Raummitte, sondern nur als Wand-fluter am Rand des Badezimmers oder in die Stufen zu einem Badewan-nenpodest oder einem anderen erhöhten Raumbereich eingesetzt werden.

Mit Punktscheinwerfern (an der Decke oder hinter einer Leiste bzw. einem Regal montiert) lassen sich einzelne Ausstattungsstücke hervor-heben. Zu diesem Zweck muss das Licht des Strahlers natürlich heller leuchten als das übrige Raumlicht.

Auch Kerzen, besonders Duftkerzen, sind beliebte Begleiter eines entspannenden Vollbades. Ihre Leuchtkraft wird verdoppelt, wenn man sie vor einen Spiegel stellt. Ihre romantischen Flammen können bei der im Bad herrschenden hohen Luftfeuchtigkeit allerdings weniger romantische Spuren hinterlassen, nämlich Ruß an den Wänden. Von Fliesen oder anderen glatten Flächen lässt er sich mühelos abwischen, in rauem Putz oder Strukturglas setzt er sich allerdings fest. Wenn Sie also auf den Kerzenschein nicht verzichten möchten, sollten Sie rußfrei brennende Kerzen kaufen.

Ein Kristallkronleuchter bringt einen Schwung Sinnlichkeit in ein Wohn-bad. Im Licht funkeln die geschliffenen Kristallanhänger in allen Farben des

Regenbogens. Wenn der Kristallkronleuchter in einem ansonsten schlicht gestylten Bad mit gedämpfter Allgemeinbeleuchtung dann noch von einem Punktscheinwerfer angestrahlt wird, bildet er das luxuriöse und romantische Prunkstück des Raums. Bevor man sich dafür entscheidet, sollte man sich beim Elektrofachmann vergewissern, dass der Kronleuchter im Badezimmer nicht etwa ein Sicherheitsrisiko darstellt.

Sicherheitsmaßnahmen

Beim Auswechseln von Glühbirnen im Bad sollten Lampe und Fassung trocken sein. Am besten dreht man sowieso vorher die Sicherung heraus, weil man ja nicht mehr feststellen kann, ob die Leuchte ausgeschaltet wurde, als die Glühbirne kaputtging. Wenn Sie auf eine hohe Leiter steigen müssen, sollten Sie sicherstellen, dass der Boden nicht rutschig ist, und vorzugsweise jemanden haben, der die Leiter festhält.

Bei vielen kompakten Beleuchtungskörpern (besonders eingelassenen Decken- und Wandleuchten oder »Bullaugen«-Modellen) braucht man einen Schraubenzieher, wenn man die Glühbirne auswechseln will. Das birgt seine Tücken, und man braucht zur Sicherheit jemanden, der die Schrauben und den Glasschirm in Empfang nimmt, während man oben auf der Leiter an der Deckenlampe hantiert. Wenn eine solche Leuchte gut versiegelt ist, wird die Glasschale innen sauber sein, ansonsten benutzt man die Gelegenheit, sie gleich zu reinigen. Beim Wiederanschrauben des Glasschirms muss man aufpassen, die Schrauben nicht zu fest anzuziehen, damit das Glas nicht springt oder gar ganz zerbricht.

Oben **Eine wasserdicht versiegelte Fassung ist für eine Bodenleuchte im Badezimmer unerlässlich.**

Rechts unten **In den Boden eingelassene Strahler und eine hinterleuchtete Mattglasscheibe sorgen für eine belebte Lichtmischung, die noch interessanter** wird, **wenn die übrige Beleuchtung gedämpft ist.**

Oben rechts und rechte Seite **Strahler in einem Kieselbett fluten die Backsteinwand mit Licht. Davor zieht sich ein »Läufer« aus Holzplanken durch das gesamte schmale Badezimmer.**

Sanitärobjekte

Diese massiven Einrichtungsgegenstände – Badewanne, Handwasch- und Toilettenbecken und Bidet – werden fest und unverrückbar eingebaut. Es gibt sie in vielen Formen, Farben und Materialien, überwiegend aus glasiertem Steinzeug, dessen glatte Oberfläche hohe Temperaturen und die Reinigung mit desinfizierenden Scheuermitteln schadlos übersteht.

Schon früher wurden Badewannen aus vielen verschiedenen Materialien hergestellt, unter anderem Stein und Holz. Im 19. Jahrhundert bevorzugte man schwere gusseiserne, innen emaillierte Wannen.

Der Werkstoff Acryl – eine Erfindung der Siebzigerjahre – brachte eine ganze Reihe neuer Designs hervor, da Acryl sich leicht formen und einfärben lässt. Acrylobjekte sind leicht(-gewichtig) und mühelos anzuschließen. Die ersten Acrylwannen waren jedoch empfindlich, nicht kratzfest und relativ instabil, die heutigen Acrylmaterialien sind zum Glück viel robuster. Die Erfindung dieses Materials und dessen Mischung mit diversen Zuschlagstoffen hat das heutige Badezimmerdesign nachhaltig beeinflusst. Das von DuPont hergestellte Corian® zum Beispiel (eine Mischung aus Acrylharz und natürlichen Mineralien) wird zu plastisch geformten Duschwannen oder Waschbecken-Ablagen-Kombimodellen verarbeitet, ist porendicht, bekommt keine Sprünge, verrottet und verzieht sich nicht. Es lässt sich schneiden, schnitzen, fräsen, sandstrahlen, intarsieren und thermoformen. Flecken auf der Oberfläche lassen sich mit Scheuermittel entfernen, Kratzer sogar mit Sandpapier glatt schmirgeln. Acryl gibt es auch eingefärbt oder geädert auf Marmor, mit Glimmer und anderen Zuschlägen versetzt oder auf der Unterseite bedruckt auf Naturstein getrimmt. Derzeit ist es einfarbig in etwa 70 Schattierungen erhältlich.

Seit Anfang der Neunzigerjahre sind weitere neue Mischungen aus Chemie und Natur entwickelt worden, die warm und leicht sind, dabei aber belastbar und langlebig, zum Beispiel Quaryl® von Ucosan aus Acryl und Quarz. Das Material ist voll recycelbar, stoß- und kratzfest und sogar schalldämmend. Auch Quaryl lässt sich schneiden und plastisch in vielen Formen und Farben modellieren. Ein weiterer Verbundwerkstoff ist Ficore von Design & Form, der das Wasser in der Wanne sechsmal so lange warm hält wie eine Wanne aus normalem Acryl.

Klassische und moderne Badewannen

Die schweren, klassischen gusseisernen Badewannen finden auch heute noch ihre Liebhaber, egal, ob es sich dabei um ein Original oder eine Reproduktion handelt. Wirklich antike Wannen erfordern eventuell eine komplette fachgerechte Restaurierung, damit sie ihren früheren Glanz wiedererlangen. Geschickte Heimwerker könnten sich im Fachhandel

Unten Diese luxuriöse große Badewanne steht mitten im Raum und ist daher rundherum verkleidet. Der oder die Badende kann sogar durch das Fenster die schöne Aussicht bewundern.

Die Mischbatterie mit Handbrause ist in der Mitte des Wannenrands angebracht, sodass man auf beiden Seiten der Wanne sitzen kann. Der breite Rand dient als Ablage.

Rechts und rechts außen **Diese alte Kupferbadewanne sieht in einem modernen Bad ebenso gut aus wie in einem altmodisch eingerichteten. Alte gusseiserne Wannen findet man bei Abbruchfirmen und eventuell auf dem Schrottplatz. Vielleicht muss man sie neu emaillieren lassen. Einige Hersteller bieten Reproduktionen an.**

Unten rechts **Bei schweren Wannen ist zu beachten, dass sie die Geschossdecke nicht überstrapazieren dürfen.**

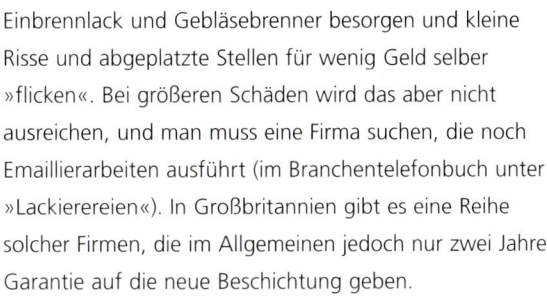

Einbrennlack und Gebläsebrenner besorgen und kleine Risse und abgeplatzte Stellen für wenig Geld selber »flicken«. Bei größeren Schäden wird das aber nicht ausreichen, und man muss eine Firma suchen, die noch Emaillierarbeiten ausführt (im Branchentelefonbuch unter »Lackiereien«). In Großbritannien gibt es eine Reihe solcher Firmen, die im Allgemeinen jedoch nur zwei Jahre Garantie auf die neue Beschichtung geben.

Preiswerter und genauso schön ist die Reproduktion eines klassischen Badezubers auf Löwentatzen mit nach außen gebogenem rundem Rand, der inzwischen von mehreren Herstellern aus den neuen, sehr viel leichteren Materialien – darunter auch Edelstahl – und natürlich mit modernisierter Technik wieder angeboten wird. Edelstahl ist zum Beispiel ebenmäßiger als Gusseisen, sodass auch die Emaillebeschichtung glatter wird. Außerdem sind die Produktionsverfahren für Edelstahl umweltfreundlicher, und das Material lässt sich mit weniger Aufwand recyceln.

Zeitgenössische Badewannendesigner lassen sich aber auch von den alten Römern und Japanern inspirieren und kreieren Modelle aus Stein oder Holz. Des Weiteren sind Edelstahl und Sicherheitsglas derzeit groß in Mode. Holzbottiche werden vielfach aus Zypressen- oder Teakholz hergestellt, da diese Hölzer natürliche Öle enthalten, die sie feuchtigkeitsbeständiger machen. Die wenigsten Holzzuber sind wirklich absolut wasserdicht und sollten daher stets auf versiegelten Böden über einem Boden-

Die »Berg-und-Tal«-Innenform dieser Stahlwanne ist eine Sonderanfertigung. So kann man im »Tal« sitzen, um sich auf dem »Berg« die Füße zu waschen – oder umgekehrt; oder man sitzt unten und legt die Beine hoch. Außerdem macht es die Innenform unmöglich, in die Wanne hineinzurutschen. Wannen aus dünnem Stahlblech würden das Wasser schneller abkühlen lassen, deshalb sind die meisten Modelle doppelwandig – mit der Luft im Hohlraum als Wärmepuffer.

Oben links **Ein gebogenes Standrohr entlässt den Wasserstrahl in die Wanne, ohne deren Rand zu berühren.** Oben Mitte und rechts **Massage-** **und Whirlpoolwannen sind beliebt; ihre Installation erfordert die besondere Sorgfalt des Fachmanns, damit das Wasser stets vollständig abfließt.** Unten **Eine unterhalb des Wannenrands umlaufende Reling dient als Handtuchhalter und ist zugleich dekoratives Element.**

abfluss installiert werden. Viele Holzbottiche müssen auch ständig mit Wasser gefüllt bleiben, da das Holz sich sonst beim Trocknen zusammenzieht, sodass Lecks entstehen.

Die klassische frei stehende, gusseiserne Emaillebadewanne mit rundem Rand und Füßen in Form von Löwenpranken blieb außen schwarz oder wurde passend zu den Raumfarben gestrichen. Originalgetreue Reproduktionen oder moderne Nachempfindungen lassen sich aber auch auf einen Sockel oder an die Wand stellen und verkleiden. Moderne Abwandlungen des klassischen Modells sind ein- oder zweisitzig, mit einem runden und einem rechtwinkligen Ende oder einer höheren »Rückenlehne« lieferbar. Die von Philippe Starck entworfene frei stehende Badewanne (siehe Abbildung links) ist mit umlaufender Reling unterhalb des breiten, flachen Wannenrands ausgestattet und hat eine ovale Innenform. Andere Modelle bestehen aus einer in ein Holz- oder Metalgestell eingehängten, außen wie innen emaillierten Wanne

Badewannen in Standardgrößen haben den Ablauf entweder an einem Ende oder in der Mitte. Einige Modelle sind mit passenden Verblendpaneelen lieferbar, andere müssen eingebaut bzw. mit Fliesenwänden, Holzspundtafeln oder anderen Platten verkleidet werden – was auch immer am besten zum jeweiligen Design passt. Die meisten klassischen Acrylmodelle sind preiswerter als die gusseisernen und werden mit verschiedenen Innenformen produziert: glatte Schale mit ebenem Boden oder plastisch ausgebildet, mit geneigten Flächen, mit Stufen, Sitzhöckern und Mulden. Es gibt sogar taillierte Wannen-Innenformen, die eine Art liegende Acht bzw. das Zeichen für Unendlichkeit umschreiben.

Einige Badewannen, die gleichzeitig als Duschwannen fungieren, sind am Duschende breiter, damit sie mehr Bewegungsfreiheit und das Anbringen von Duschwänden oder einem Vorhang erlauben. Kurze

Handwaschbecken

Auch Waschbecken sind in großer Auswahl auf dem Markt: für die Wandmontage, auf Säulen und Sockeln, in eine Waschtischkommode eingelassen. Welche Form und Größe man wählt, hängt selbstverständlich entscheidend davon ab, ob es in einer Gästetoilette nur zum Händewaschen benötigt wird oder in einem Bad auch für die Handwäsche von Kleidungsstücken dienen soll. Bei vielen Waschtischen ruhen die Becken auf einer Säule oder sind in eine Art Tischplatte auf

Wannen – im Sitzbereich breiter, am anderen Ende schmaler – sind speziell für kleine Bäder entwickelt worden, es gibt aber ebenso extra breite und tiefe Modelle sowie Eckwannen, die auch mehr Platz benötigen, als man denkt. Eine größere Wanne nimmt nicht nur eine größere Fläche ein, sondern auch mehr Wasser auf, sodass man sicherstellen muss, dass die Geschossdecke ihr Gewicht plus Wasserfüllung plus Badende(n) aushält.

Beinen integriert. Säulen haben den Vorteil, dass sie die Rohre verdecken, und den Nachteil, dass sie nur in Standardhöhen produziert werden, was vor allem größeren Menschen Probleme bereitet. Wandhängende Becken lassen sich dagegen in jeder beliebigen Höhe anbringen. Eckwaschbecken sind überwiegend nur ohne Säule im Angebot, weil sie meist mittels Metallkonsolen oder direkt an die Wand gehängt werden. Einige Becken lassen sich mit ihrer Umran-

Linke Seite außen **Dieser alte Waschtisch besteht aus einer Emailleschüssel mit Klappdeckel, die in eine Metalltonne eingelassen ist, und würde sich in einem originellen Bad gut machen.**

Linke Seite links **Kein Becken, sondern eine stromlinienförmige flache Edelstahlmulde! Die beiden Hebel der Wandbrückenarmatur erinnern ein wenig an die Desinfektionswaschbecken chirurgischer Abteilungen.**

Links Becken aus poliertem Beton wie dieses lassen sich in beliebiger Größe gießen, damit sie genau in jede Nische oder Ecke eingepasst werden können.

Oben Das klassische weiß glasierte Keramikbecken mit Stehrand erfreut sich immer noch allgemeiner Beliebtheit und passt zu fast jedem Designstil.

dung in ein Regal oder einen Schrank integrieren, andere sind mit einer flachen »Fassung« versehen, die als Ablage dient.

Eine andere Möglichkeit besteht darin, das Waschbecken in eine Waschtischkommode mit Glas-, Kunststoff- oder Marmoroberfläche einzubauen. Die hierfür geeigneten Becken sind mit plastisch geformtem, über die Kommodenplatte reichendem Rand oder mit um ein Weniges tiefer liegendem unglasiertem Rand erhältlich. Bei Letzteren schließt der Beckenrand bündig mit der Einfassungsfläche ab, sodass kein Wasser durchsickern kann.

Eine elegante Lösung und neueste Mode sind runde Beckenschalen und richtige Schüsseln aus Edelstahl, Glas und Porzellan auf Wandkonsolen oder Tischen – Nachempfindungen der guten alten Waschschüssel, die aus einem Krug gefüllt wurde. Die modernen Modelle haben ein zentrales Abflussloch; die Mischbatterien – mit langen Zapfrohren – werden in den meisten Fällen darüber an der Wand montiert, oder – mit Standrohr – seitlich in die Tischplatte eingelassen.

Eine weitere moderne Nachempfindung ist das Becken in einem frei stehenden Gestell mit integrierten Handtuch-, Seifenschalen- und Zahnputzglashaltern, Ablage und Spiegel, das sich auf ein viktorianisches Vorbild zurückführen lässt, nämlich das mit einem stummen Diener kombinierte Waschtischgestell. Das so genannte »Washington-Becken«

besteht aus zwei konzentrisch verbundenen Edelstahlhalbkugeln. Die äußere (mit Abflussloch) ist fest montiert, die innere beweglich: Mit Wasser gefüllt, hält sie das Wasser; um die Achse gedreht, kippt sie es in den Abfluss der äußeren Schale aus.

Glasbecken sind inzwischen sehr beliebt und vor allem in Architektenhäusern häufig zu sehen. Sie sind besonders schön und elegant, aber auch nicht billig. Es bleibt abzuwarten, wie sie sich im längeren Gebrauch bewähren.

Toilettenbecken

Beim altmodischen Toilettenmodell war der Spülkasten hoch oben über dem Becken an die Wand montiert und die Spülung wurde mit Zugschnur oder Zugkette betätigt. In einem bewusst auf »altmodisch« getrimmten Design ist es natürlich das Modell der Wahl, allerdings durchaus nicht pflegeleicht, da es aus mehreren Teilen besteht und der Spülkasten schwer erreichbar ist.

Das am weitesten verbreitete Standardmodell verbindet das Toilettenbecken mit dem direkt dahinter an der Wand montierten Spülkasten. Das ist eine einfache, praktische Lösung, die aber bei der Reinigung auch etwas

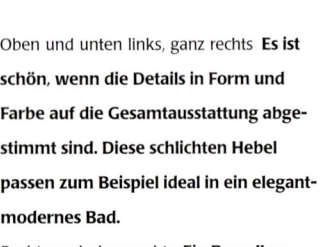

Oben und unten links, ganz rechts **Es ist schön, wenn die Details in Form und Farbe auf die Gesamtausstattung abgestimmt sind. Diese schlichten Hebel passen zum Beispiel ideal in ein elegant-modernes Bad.**
Rechts und oben rechts **Ein Porzellan- oder Holzgriff an einer altmodischen Zugkette ist neben einem alten Toilettenbecken natürlich ein »Muss«. Der Spülkasten ist hoch an die Wand montiert.**

mehr Arbeit macht, da nicht nur das Becken und der Spülkasten, sondern auch die Fall- und Abflussrohre Schmutz fangende Oberflächen, Rillen und Ritzen aufweisen. Die pflegeleichtesten modernen Modelle sind die schlichten, glatten Becken ohne Profile mit in die Wand oder eine Blendwand eingebauten Spülkästen und flachen Armaturtasten, -hebeln oder -knöpfen. Um ausreichenden Wasserdruck zu erzielen, muss man den Spülkasten mindestens 80 cm über dem Boden einbauen lassen. Bei den so genannten Flachspül-WCs wird das Wasser mit hohem Druck durch die tiefe Rille unterhalb des Beckenrands gepresst. Bei anderen Modellen befindet sich unter dem Rand ein Rohr mit Löchern auf der Unterseite, durch die das Wasser gleichmäßig – und mit weniger Geräusch verbunden – im Becken verteilt wird. Außerdem gibt es noch die so genannten Tiefspül-WCs, bei denen die Fäkalien direkt ins Wasser fallen.

In einem Mini-Badezimmer ist eventuell sogar ein Fäkalienzerkleinerer erforderlich, der Spülkästen überflüssig macht, weil er nur mit Absaugpumpensystem arbeitet. Nicht nur, aber besonders bei diesem (auch Chemietoilette genannten) Modell sollte man darauf achten, was man im WC »entsorgt«, denn es verkraftet keine Dinge, die in den Mülleimer gehören. Die Entlüftung in einem Minibad mit Toilette ist besonders wichtig.

Die Hersteller von Sanitärkeramik achten zunehmend auf sparsamen Energie- und Wasserverbrauch. Die neuen Standardmodelle benötigen generell nur 6 Liter pro Spülvorgang, und Sphinx Gustavsberg hat das Wassersparsystem WSS entwickelt, bei dem nur 2,5 bzw. 4 Liter verbraucht werden.

Bidets

Das Bidet – eine kleine Sitzwanne, die im Brockhaus' Konversations-Lexikon von 1892 als »besonders für Frauen« geeignet und bestimmt aufgeführt wird – gehört auf dem europäischen Kontinent seit langem zur Standardausstattung des Badezimmers. Es dient der Intimhygiene der Erwachsenen.

Bidets sind besonders nützlich und hilfreich für Menschen mit Beschwerden im Afterbereich, die eine besonders penible und täglich mehrfache Reinigung und Behandlung erfordern, oder für ältere Menschen, die Mühe haben, sich im Stehen zu waschen oder in die Badewanne zu steigen. Wie Toilettenbecken sind auch Bidets als Wand- oder Standmodelle erhältlich.

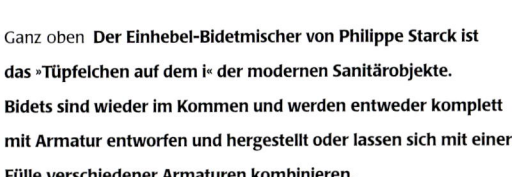

Ganz oben **Der Einhebel-Bidetmischer von Philippe Starck ist das »Tüpfelchen auf dem i« der modernen Sanitärobjekte. Bidets sind wieder im Kommen und werden entweder komplett mit Armatur entworfen und hergestellt oder lassen sich mit einer Fülle verschiedener Armaturen kombinieren.**

Links **Das klassische Bidet stellt eine attraktive und praktisch-nützliche Bereicherung der Badezimmerausstattung dar.** Oben **Die »taillierte« Form ist heute noch genauso beliebt wie eh und je.**

Technische Ausstattung

Moderne Armaturen sind nicht nur funktional, sondern auch
formschön – und technisch auf Energie- und Wassersparen,
leichte Bedienbarkeit und Sicherheit angelegt.

Das seit den Siebzigerjahren gewachsene allgemeine
Umweltbewusstsein hat die Hersteller von Badezimmer-
ausstattungen dazu bewogen, Mischbatterien zu entwickeln, die den Wasserstrahl mit Luftbläschen verwirbeln,
was den Verbrauch senkt, ohne den Druck zu schwächen.

Auch die Sensortechnik spart Wasser. Anstelle von
manuell zu betätigenden Hebeln oder Drehgriffen sind sie
mit Sensoren ausgestattet, die nur dann den Wasserstrom
aktivieren, wenn man die Hände unter den Hahn – also
direkt vor den Sensor – hält.

Wasserhähne und Mischbatterien

Der klassische Wasserhahn auf dem hinteren Wasch-
becken- oder Badewannenrand bestand aus einem Standrohr mit Drehgriff, von dem das Auslaufrohr schräg oder
gerade über die Beckenschale auskragte. Heute gibt es
eine Fülle verschiedener Armaturen: Zweiloch-, Dreiloch-

oder Zweigriffmischer mit einem festen oder einem
schwenkbaren Auslauf für Waschtische, Dreiloch-
oder Vierlochmischbatterien (mit Loch für die Handbrause) für Badewannen, Einhebel-Waschtischmischer
(auch mit Anschluss für die Turbodent-Munddusche),
Thermostatbatterien, Waschtisch-Brückenbatterien,
einfache Standventile, Wannenbatterien für Stand-
montage mit Garnitur und anderes mehr – und das
alles in verschiedenen Größen, in historisierenden,
schnörkeligen, stromlinienförmigen und elegant-
reduzierten modernen Designs aus verschiedenen
Metallen – glänzend poliert oder matt gebürstet –
und mit Porzellan- oder Kunststoffdetails.

Bei der Auswahl der Armaturen sollte man darauf
achten, dass Hebel oder Griffe gut in der Hand liegen
und das Material mit der übrigen Badezimmerausstattung
harmoniert.

**Oben, ganz links Diese Armatur
aus Kupferleitungsrohren ist
eine Sonderanfertigung über
einem alten Ausgussbecken
aus einem Labor.**
**Oben Mitte Dieser alte Zapf-
hahn mit Porzellangriff
steht jedem klassischen
Becken gut an.**
**Oben Die meisten alten
Armaturen mit Spindel-
griffen bestehen aus Messing,
Reproduktionen gibt es in
Nickel oder Chrom. Moderne
Messingarmaturen sind
anlauf- und fleckenresistent
beschichtet.**

Altmodische Armaturen im viktorianischen Stil mit Hebeln oder Spindelgriffen lassen sich mit moderner Technik verbinden. Typischerweise sind die Spindelgriffe mit Porzellandeckeln versehen, die Warm- bzw. Kaltwasser anzeigen und vielfach auch mit dem Herstellernamen beschriftet sind. Natürlich passen diese Armaturen am besten zu einem altmodischen Waschbecken.

Was die Stilmischung aus klassischen und modernen Elementen angeht, so gibt es keine allgemein gültigen Regeln außer der, dass man nicht zu viele verschiedene Stile miteinander kombinieren sollte. Zu den traditionellen Designs gehören die Spindelgriffarmaturen aus Messing oder Chrom, meist mit Porzellankappen versehen, auf denen die Worte »heiß« und »kalt« in schwarzen Lettern zu lesen sind. Antike Standventile werden ohne ständiges Polieren schnell fleckig und trübe, die modernen Reproduktionen sind mit einem Schutzfilm beschichtet und daher pflegeleichter. Heutige Nachahmungen oder Nachbauten sind außerdem mit modernster Technik ausgestattet und daher leichtgängiger.

Neben den Spindelgriffen gibt es noch die ebenso altmodischen Hebel mit Porzellan- oder Keramikgriffen, die man von rechts nach links (oder umgekehrt) dreht, um den Wasserstrom zu aktivieren und zu regeln. Sie haben vielfach allerdings den Nachteil, dass sie sich nicht absolut tropfsicher schließen lassen.

Spindelgriffarmaturen gibt es nicht nur aus Chrom oder Messing, sondern auch aus matt gebürstetem Nickel, das moderner anmutet und wie vereist wirken kann. Standardarmaturen kombinieren traditionelle mit modernen Stilelementen, zum Beispiel das klassische Standventil mit kompakten Drehknöpfen, die sich nach unten verjüngen und auf vier Seiten Rillen haben, sodass sie griffiger sind. Derartige Knöpfe kann man auch aus Keramik in verschiedenen Farben passend zum Farbschema des Bades auswählen.

Von Philippe Starck stammt die Armaturenfamilie mit leicht schräg stehenden Hebeln, die an Vogelfedern erinnern (Axor Starck). Sie umfasst auch eine Reihe von Einhebelmischern und erhielt übrigens im Rahmen des vom Design-Zentrum Nordrhein-Westfalen vergebenen Design-Innovations-Preises 1993 eine »Auszeichnung für hohe Designqualität«.

Die neueren Armaturen sind wieder runder, elegant geschwungen, vielfach in Form von Einhebelmischbatterien, die aus einem schlanken, stromlinienförmigen Rohr mit kleinen knopfartigen Griffen bestehen. Die meisten Abflussstöpsel sind entweder aus Gummi und hängen an einer Kette oder aus Metall und mittels eines Hebels hinten am Auslauf zu heben (öffnen) oder zu senken (schließen). Überläufe zur Verhinderung von Überschwem-

Linke Seite außen **Diese Zweiloch-Brückenarmaturen mit Dreizackgriffen und einem langen Auslauf erinnern an Werkstoiletten und passen gut zu dem langen rechteckigen »Waschtrog«.**
Linke Seite rechts **Verchromter Einhebel-Waschtischmischer über einem in eine Betonplatte eingelassenen Becken.**
Oben links **Diese edle Dreilocharmatur ist an ihren »Vogelfederhebeln« als Kreation von Philippe Starck zu erkennen.**
Oben **Ein elegant gebogener Standrohrauslauf mit integriertem Stöpselheber.**

armaturen bilden die Drehknöpfe die beiden Enden der »Brücke«. Brausen-köpfe werden entweder fest installiert – in Decke oder Wand – oder sind als Handbrause mit Schlauch Teil der Wandarmatur. Im ersten Fall sollte wenn möglich die Installationshöhe der Kopfbrause auf die Körpergröße des jeweiligen Benutzers abgestimmt werden. Bei einer Familie mit Kindern empfiehlt sich die an der Wandstange verschiebliche Handbrause.

Eine andere Möglichkeit sind die neuartigen Duschpaneele mit integrierter Kopfbrause, Thermostatbatterie und seitlichen Düsen, sodass man – wenn man sich in der Kabine dreht – rundherum je nach Einstellung mit feinen Wasserstrahlen besprüht oder mit stärkeren massiert wird.

Brausen gibt es natürlich auch in den verschiedensten Größen – mit Durchmessern von 12 bis 30 Zentimetern – und Varianten. Die Wahl der Größe hängt davon ab, wie stark der Wasserdruck in Ihrem Haus ist; fragen Sie daher zuerst Ihren Installateur. Bei den preiswertesten Modellen

Links **Die obere große Brause liefert einen gleichmäßigen »warmen Regen«, die kleinere darunter lässt sich auf Massagestärke oder sanftes Rieseln einstellen. Ob der Wasserdruck ausreicht oder eine Pumpe installiert werden muss, entscheidet am besten der Fachmann.**

Rechte Seite im Uhrzeigersinn von oben
Mitte **Ein gelochtes Rohr als minimalistische Brause. Eine »historisierende« Einhebelmischbatterie. Ein moderner Einhebel-Brausenmischer mit integriertem Stöpselheber für die Unterputzmontage. Eine altmodische Kopfbrause. Detail einer Handbrause mit Keramik-griff und flexiblem Schlauch. Traditioneller Spindelgriff. Klassische Zweiloch-Brückenarmatur mit Ständer für die Handbrause – die wie ein altmodischer Telefonhörer wirkt – zur Montage auf dem Bade-wannenrand.**
Mitte **Ein formschönes, schlichtes Set aus Thermostatbatterie und Ventil-drehknopf.**

mungen bestehen bei Waschbecken meist aus einem länglichen Loch in der hinteren Beckenwand, bei Badewannen häufig aus einer mit einer gelochten Metallscheibe abgedeckten Öffnung am Fußende, an der auch die Kette mit dem Stöpsel befestigt ist.

Duscharmaturen

Duscharmaturen bestehen vielfach aus einem Einhebel-Thermostatmischer (Unterputzmontage) oder einer Zweigriff-Brausenarmatur (Aufputzmon-tage) sowie entweder einer wandmontierten Kopfbrause oder der an einer Wandstange geführten Handbrause. Bei Zweigriff-Thermostatbatterien dient der eine Knopf meistens zur Einstellung des Wasserstrahls, der andere zur Temperaturregelung. Bei einigen modernen Zweiloch-Brücken-

läuft das Wasser einfach durch eine gelochte Metallscheibe, die teureren Ausführungen versetzen je nach Drehung das Wasser mal mehr, mal weniger mit Luftbläschen.

Auch hier gilt, dass dem Gestaltungswillen fast keine Grenzen gesetzt sind und man nur ein wenig Zeit und Ausdauer benötigt, um im Rahmen seiner Möglichkeiten das Passende zu finden.

Be- und Entlüftung

Nach dem Dusch- oder Vollbad muss die Möglichkeit bestehen, die feuchte Luft schnell aus dem Bad abzuziehen, denn Dampf und Kondenswasser begünstigen die Entwicklung von Schimmelpilzen und Stockflecken sowie Feuchtigkeitsschäden an Holzböden, -täfelungen oder -möbeln. In einem

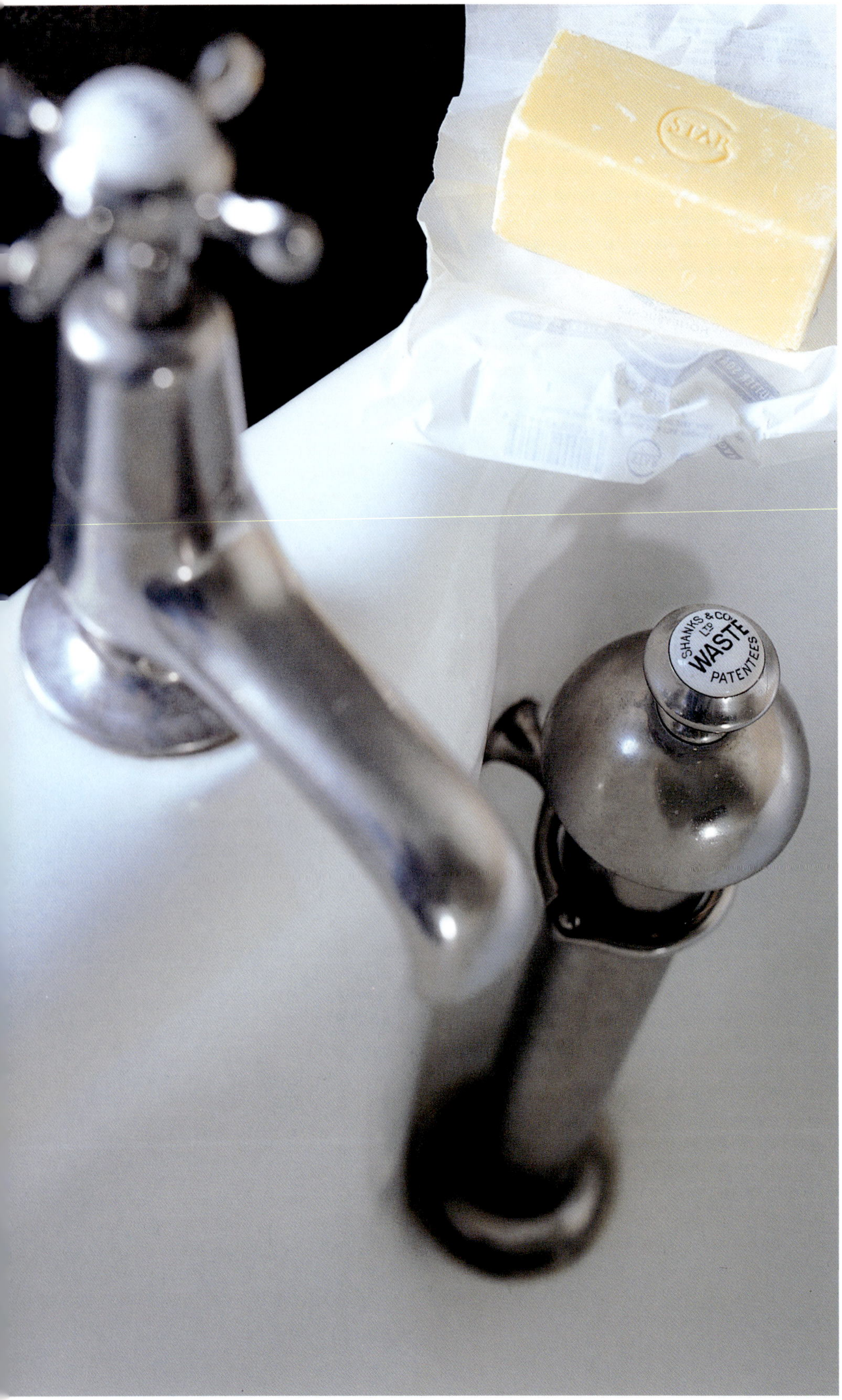
STAR
SHANKS & CO LTD
WASTE
PATENTEES

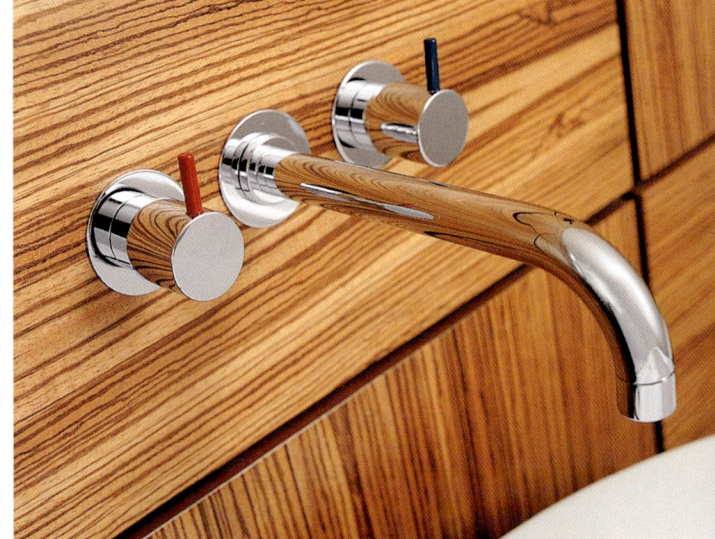

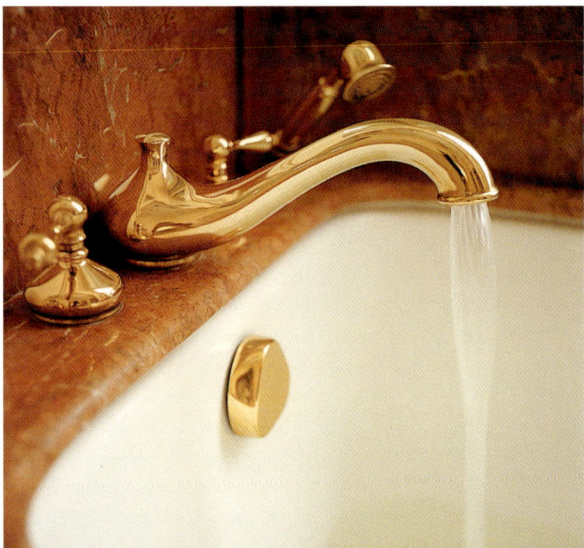

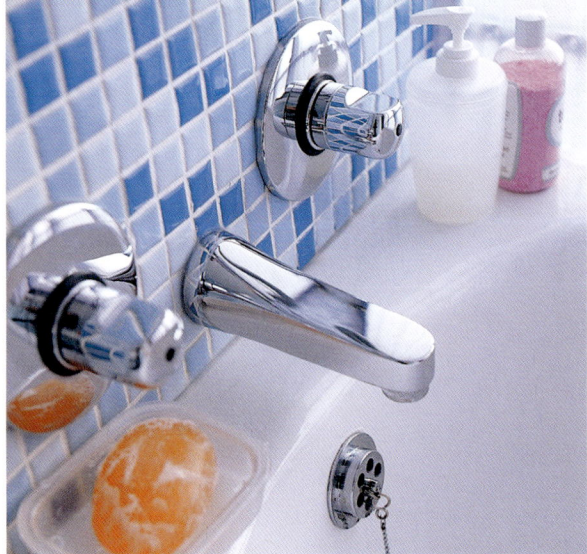

Bad mit großem Fenster genügt es, dieses längere Zeit zu öffnen, in vielen Fällen wird es jedoch nötig sein, einen Absaugventilator zu installieren. Diese Modelle werden in Neubauten bereits standardmäßig eingesetzt, weil die meisten neuen Bäder im Haus- oder Wohnungskern angelegt sind. Wie groß und leistungsfähig der Extraktionsventilator sein muss, hängt vom Raumvolumen ab. In ein Fenster lässt sich zum Beispiel ein kleiner Ventilator einbauen, der mit einer Zugschnur ein- und ausgeschaltet wird.

Bei der Anschaffung eines Ventilators für Ihr Badezimmer sollten Sie unbedingt statt eines normalen Ventilators, der nur die vorhandene Luft im Raum in Bewegung bringt, einen Sauglüfter wählen. Ein wichtiges Auswahlkriterium ist, wie viel Lärm dieser macht, vor allem, wenn das Bad an das Schlafzimmer grenzt. Da diese Geräte noch länger arbeiten, wenn man das Bad verlassen und das Licht – und damit den Ventilator – ausgeschaltet hat, sollten Sie sich beim Händler ein solches Modell einmal vorführen lassen, um zu wissen, ob der Geräuschpegel zu verkraften ist.

Elektrische Geräte

Aus Sicherheitsgründen sollten eigentlich keinerlei elektrische Geräte im Badezimmer verwendet werden, die nicht speziell für Nasszellen entwickelt wurden und die man nicht an eine Niedervoltsteckdose anschließen kann.

Wenn man jedoch bei der morgendlichen Toilette gerne Radio hört, kann man entweder einen zusätzlichen Lautsprecher einer außerhalb des Bades befindlichen Hi-Fi-Anlage ins Bad verlegen, oder man kauft eines der kleinen, speziell für Badezimmer gebauten Radios, die in verschiedenen Formen unter anderem auch im Versandhandel angeboten werden.

Heizung

Altmodische voluminöse Rippenheizkörper, die nicht nur an der Wand, sondern auch im Wege stehen, sind im modernen Badezimmer natürlich längst Vergangenheit. Sie wurden unter anderem ersetzt durch Fußbodenheizungen mit Thermostatregulierung, die eine angenehme, gleichmäßige Wärme abgeben und besonders nackten Füßen schmeicheln, oder Röhrenradiatoren, die an den Wänden entlang bündig mit dem Fußboden in einen schmalen Kanal eingepasst werden. Es gibt Konvektionsradiatoren, die in den Fußboden eingelassen oder an der Wand montiert und über das Warmwassersystem des ganzen Hauses betrieben werden, glatte, unauffällige Flächenheizkörper, die – in flachen Wandnischen angebracht – wie Wandpaneele wirken. Über diesen Heizkörpern kann man zum Beispiel einen Handtuchhalter anbringen, damit die Frotteetücher schneller trocknen. Oder man hängt ein fertiges, mit Haken versehenes Trockengestell darüber. Inzwischen sind sogar Flächenheizkörper aus Glas erhältlich, allerdings nicht überall, man muss schon einen Badausstatter im gehobenen Segment aufsuchen.

Schlangenförmig gebogene Röhrenradiatoren verleihen einem Badezimmer plastisches Dekor. Paul Priestman entwickelte den in Großbritannien erhältlichen »Hot Spring«-Radiator, eine säulenartige Standheizkörper-Skulptur, und in Deutschland bietet zum Beispiel der Badausstatter Atala, Berlin, einen »hauseigenen« sich zur Decke schlängelnden Standheizkörper aus Edelstahl an. Andere dekorative Röhrenradiatoren schließen oben mit einer Kugel ab, die sich auch als »Haken« für den Bademantel nutzen lässt.

Oder man wird kreativ und verleitet die Heizungsfirma dazu, als Sonderanfertigung

Oben und unten **Diese Art Röhrenradiatoren haben in jüngster Zeit immer mehr Badezimmer erobert, weil sie kaum Platz wegnehmen und zugleich als Handtuchhalter fungieren, die noch dazu in der Heizperiode Frotteetücher und Nachtwäsche anwärmen. Zu diesem Zweck lassen die Hersteller hie und da eine Röhre weg, damit man besser an die Sachen herankommt. Außerdem wirken diese leiterartigen Heizkörper dadurch nicht so gewaltig, sondern eher dekorativ. Sie sind aus Edelstahl, Chrom und in verschiedenen Farben emailliert erhältlich.**

Linke Seite außen **Dieser alte Kolbenrohrstöpsel war sogar patentiert. Auch der Spindelgriff des Standventils hat eine Porzellankappe.**
Linke Seite oben **Dreiloch-Wannenarmatur mit Unterputz-Mischbatterie.**

Linke Seite Mitte **Elegant geschwungene, knubbelige Vierloch-Wannenarmatur mit Handbrause.**
Linke Seite unten **Dreilochbatterie mit kompakten Drehknöpfen, die von kreisrunden Ringen eingefasst sind.**

einen schlangenförmigen Röhrenradiator aus Standard-kupferrohr zu gestalten, der als dekoratives Wandelement ein apartes Bad verschönert.

Beheizbare Handtuchhalter

Beheizbare Handtuchhalter bringen im Allgemeinen nicht genügend Leistung, um ein ganzes Badezimmer zu beheizen, liefern aber zumindest zusätzliche Wärme und eignen sich ideal zum Trocknen und Anwärmen von Bade- und Duschtüchern sowie Wäsche. Die meisten Modelle dieser Art lassen sich an die Zentralheizung, einige aber auch per Steckdose ans Stromnetz anschließen. Die elektrisch betriebenen Varianten sind allerdings nicht sehr wärmewirksam.

Ganz anders die bereits vielfach verwendeten turn-leiterartigen Badheizkörper – die meisten aus Edelstahl – mit horizontalen Röhren, über die man die Badetücher hängt. Sie erbringen eine gute Heizleistung, liegen platz-sparend flach an der Wand an und sehen noch dazu gut aus. Außer diesen »Turnleitern« sind auch einige andere Formen auf dem Markt, zum Beispiel mit oberem Rund-bogen oder mit einer vorstehenden oberen Röhrenstange,

sodass man längere Duschtücher etc. zum Trocknen daran aufhängen kann. Da es diese Röhrenradiatoren und die Flächenheizkörper in verschiedenen Größen gibt, braucht man auch in kleinen Räumen nicht darauf zu verzichten, im Gegenteil, sie sind dort gerade angebracht, weil sie sich flach an die Wand schmiegen und daher physisch keine »Steine des Anstoßes« sein können. Für kleine Nasszellen gibt es aber auch ganz schmale Rippen-heizkörper mit nur drei Rippen zum Beispiel, die sich in kleine Zwischenräume oder über dem Toiletten- oder Waschbecken anbringen lassen.

Da auch das Badezimmer sich inzwischen vom rein funktionalen Raum mit möglichst zweckdienlicher Aus-stattung – deren »Schönheit« kaum zur Debatte stand – zur Designdomäne gemausert hat, erfüllt auch der Bad-heizkörper als Badetuchhalter heute mehr als nur diese beiden Funktionen. Der Heizkörper wird in dekorativen, optisch ansprechenden Formen und in verschiedenen Farben hergestellt und nicht länger unter dem Fenster und vielleicht hinter einer hübschen Verkleidung versteckt, sondern behauptet sich als eigenständiges architekto-nisches, gelegentlich sogar skulpturales Element.

Linke Seite **Der in verschie-denen Größen lieferbare beheizbare Handtuchhalter an der Wand windet sich wie eine Schlange.**

Oben links **Ein »Schlangen-radiator« als ausklappbarer Handtuchhalter gibt seine Wärme nicht nur tiefer in den Raum ab, sondern trocknet auch noch die Textilien, die dahinter an den Wandhaken hängen.**

Oben **In eine flache Wand-nische wurde hier nicht nur platzsparend ein Flächen-heizkörper angebracht, sondern auch eine Handtuch-stange darüber, sodass darüber hängende Tücher und Wäsche schnell trocknen.**

Möbel

Im Bereich des Badmöbeldesigns hat sich seit den Tagen der Einbauschränke nach dem Küchenmodell eine veritable Revolution vollzogen. Heute bevorzugt man schlichte »eigenständige« Einzelstücke und vermeidet es, jeden Winkel mit Einbauten zu füllen.

In den Siebziger- und Achtzigerjahren wurden Badezimmermöbel überwiegend aus Melaminharzplatten (Produktname in der Bundesrepublik Deutschland: Resopal, in der DDR: Sprelakart) hergestellt, mit denen man auch Waschbecken und Badewannen einfasste und verkleidete. Diese Materialien und auch die Türen ähnelten den für Einbauküchen verwendeten, mit dem Unterschied, dass sie für Badezimmer als Marmor- und nicht als Kiefernholzimitate angeboten wurden.

Heute geht der Trend im Badezimmerdesign wieder zurück zum frei stehenden Einzelmöbel, das in den meisten Fällen aus massivem Holz und Marmor hergestellt wird oder aus Verbundstoffen, zum Beispiel Acryl, versetzt mit pulverisiertem Marmor oder einem anderen Steinpulver. Wo früher eine ganze Schrankwand stand, sieht man heute nur ein gut gebautes, formschönes Schränkchen (oder zwei) aus einem Naturmaterial und passend zur Wandfarbe gebeizt oder einfarbig lackiert.

Raumhohe Schränke kann man hinter glatten Blendwandtafeln verbergen, die auf den ersten Blick keine Schließvorrichtung haben, sich aber mittels eines Schnappverschlusses schließen und öffnen lassen.

Die zeitgenössische Vorliebe für schlichte Eleganz und minimalistisches Design wird von einer ganzen Reihe formschöner Designermöbel bedient, etwa Philippe Starcks rechteckigem Holztisch, auf den er eine weiße »Waschschüssel« gestellt hat, oder Dieter Siegers Bagnella-Serie mit schlanken Säulen. Im Gegensatz zu den früher vor allem in England üblichen »bodenständigen« Einbauten oder Sanitärobjekten geht der Trend heute zu wandhängenden Bidets, Toiletten- und Handwaschbecken.

Einige moderne Badserien sind bewusst wie Möbel gestaltet. Zum Beispiel gibt es (in Großbritannien) die so genannte »Richmond«-Waschtischkonsole mit zwei schön geschwungenen Beinen, wie man sie von den alten Kon-

Linke Seite oben links **Dieser Waschbecken-Unterschrank aus dunklem Holz mit Platte und Spritzwand aus schwarzem Marmor lässt das Bad im Verbund mit Porträtbüste, Glasvase und goldgerahmtem Spiegel recht förmlich wirken.**

Linke Seite oben rechts **Detail eines in eine Steinplatte eingebauten Beckens mit Wandarmatur.**

Linke Seite unten **Dieser raumhohe Schrank bietet viel Platz. Da der Raum sich offenbar durch ein großes Fenster entlüften lässt, kann man auch Frotteetücher und Bettwäsche darin unterbringen, ohne befürchten zu müssen, dass sie feucht werden.**

Links und links unten **Die Einbaumöbel – Schrank und Unterschrank – in diesem Bad sind wie die Wände weiß lackiert und »erdrücken« den kleinen Raum dadurch nicht in dem Maße, wie es dunkle Möbel getan hätten.**

Unten **Dieses Bad ist zugleich Ankleidezimmer. Im Spiegel sieht man das Regal mit Frotteetüchern an der gegenüberliegenden Wand dieses kleinen, aber geschickt ausgenutzten Raums.**

soltischen kennt, die gerne in Eingangsdielen aufgestellt werden. Die Beine des Richmond-Modells sind allerdings, ebenso wie Becken und Tischplatte, aus Keramik.

Das Design moderner Einbaumöbel ist entweder klassisch – manche mit einem Hauch Biedermeier, andere mit Anklängen an Mackintosh -, vielfach aber auch wieder, egal ob gerundet oder eckig und edel minimalistisch, aus gebeiztem oder lackiertem Massivholz oder neuen, besseren Materialien, welche die Melaminharzplatten verdrängt haben.

Wo man früher ein Waschbecken mit einer solchen Platte umgab, kann man heute bereits einen Waschtisch kaufen, in dessen breiter Ablagefläche das Waschbecken nahtlos eine Mulde bildet. Es bietet den Vorteil, dass kein Wasser in irgendwelchen Fugen versickern (und etwa eine Pressholzplatte von innen aufweichen) kann und dass es leicht zu reinigen ist. Oder man schafft sich »Kombi-Möbel« an, zum Beispiel eine komplette Waschtischanlage, bei der Becken, Einfassung, Spritzwand, Ablage, Spiegel, Unterschrank und Accessoires wie Seifenschale, Zahnputzglas- und Handtuchhalter eine durchgestylte Einheit bilden.

Ducholux und Geberit bieten sogar den »Bad-Baustein« Libero an, der Duschkabine, Handwaschbecken, Spiegel, Ablage sowie Toilettenbecken und eigenes kleines »Wasserwerk« (Leitungen, Abflussrohre, Spülkasten) kombiniert und sich besonders für kleine Räume eignet.

Antiquitäten im neuen Rahmen

In England wurden bereits zu Queen Victorias und König Edwards Zeiten (Mitte 19. bis An-

fang 20. Jahrhundert) Waschbecken in Tische, Küchenschränke oder Kommoden eingelassen, deren Platten vielfach aus Marmor bestanden, und sogar in große Zeichenkommoden in Architektenbüros. Im traditionsbewussten Großbritannien werden diese antiken Stücke gerne in wohnlich gestalteten Badezimmern installiert, und wenn sie aus einem schönen Holz getischlert sind, wählt man vielleicht auch einen Toilettendeckel aus dem gleichen Holz.

Zu den antiken Badmöbeln zählen auch Glasvitrinen, die früher zur Ladenausstattung etwa eines Kurzwarengeschäfts gehörten und in denen man auch heute in einem ansonsten modern gestylten Bad hübsche Kleinigkeiten, Kosmetikdöschen und Parfümflakons dekorieren, aber auch andere Dinge verstauen kann, da diese Vitrinenschränke meistens sehr hoch sind. Auch alte Schränke findet man in Badezimmern, entweder neu lackiert oder abgebeizt, sodass ihre schöne Maserung zum Vorschein kommt – oder aber weiß lasiert, damit sie in ein weiß oder pastellfarben gehaltenes Bad passen.

Viele antike oder ältere Stücke sind nicht so klobig und massiv wie die meisten Einbauschränke, weil sie Beine haben. Die wenig attraktiven Metallbeine von Einbaukommoden oder Schränken werden dagegen meist mit einer geschlossenen Sockelleiste verblendet, sodass diese Möbel kompakter wirken (und andererseits den Vorteil haben, dass man darunter nicht wischen muss).

Schlichte, sorgfältig verarbeitete Naturholzeinrichtungen – die vielfach als Shaker-Design bezeichnet werden, auch wenn sie den Möbeln dieser amerikanischen Volks- und Glaubensgemeinschaft nur nachempfunden

Linke Seite Diese formschöne konische Waschkommode ist ein Schmuckstück für jedes moderne Bad. Die »Flügeltüren« des Unterschranks lassen sich mittels zwei vertikal übereinander gesetzter Metallgriffe öffnen, die über der Fuge kaum zu sehen sind.
Oben rechts Je schlichter und glatter die Türen eines

Waschtisch-Unterschranks, desto leichter sind sie zu reinigen.
Mitte Die geräumigen Innenfächer dieses Schranks mit schlanken Metallgriffen laufen auf Gleitschienen.
Unten rechts Dieser schöne, raumhohe Badezimmerschrank umfasst auch einige offene Fächer.

sind – wirken stilistisch zwar traditionell, entsprechen aber den modernen Bedürfnissen und lassen sich in Räumen einsetzen, in die keine Standardeinrichtung hineinpasst.

Ob Shaker oder nicht – schlichte, glatte Ablageflächen sowie Schrank- und Schubladenfronten aus Naturholz (die auch in sanftem Blau lasiert sein können), verleihen einem Bad zugleich Wärme und Funktionalität.

Schränke

Vor allem in einem minimalistischen Bad oder einem Design, das japanischer Zen-Architektur nachempfunden ist, sind Schränke wichtig, in denen man all das verstauen kann, was sonst »unordentlich« herumsteht und möglicherweise herunterfallen und auf dem harten Fliesenboden zerschellen kann. Statt mehrerer kleiner Schränkchen und Kommödchen empfiehlt sich ein einziger größerer und möglichst hoher Schrank, der weniger Platz wegnimmt. In einem kleinen Bad genügt ein Waschtisch-Unterschrank; falls man sich für einen der neuen Waschtische auf schlanken Beinen entscheidet, muss anderswo Stauraum gefunden werden. Ein

Linke Seite außen

Badezimmerschränke und -kommoden sollten idealerweise mit glatten, abgerundeten Griffen versehen sein, die keine Verletzungsgefahren bereithalten.

Links Mitte **Die Schubladen dieser leicht konkav geschwungenen Schminkkommode lassen sich an kleinen Metall-»Laschen« herausziehen.**

Oben **Wenn man das Badezimmer auch als Ankleideraum benutzt und seine Kleidung hier in Schränken und Kommoden unterbringt, muss man für ausreichende Belüftung bzw. Absaugung der feuchten Luft sorgen.**

Unten **Besondere Schubladen mit schmalen Fächern sorgen unter Socken und anderen Dingen für Platz sparende Ordnung.**

Mauervorsprung könnte durch eine seitliche Gipskartonwand mit dazwischen eingefügten Brettern zum Regal erweitert werden.

Arzneimittel werden vielfach in Badezimmern aufbewahrt und sollten – ebenso wie toxische Reinigungsmittel – außer Reichweite von Kleinkindern in einem hoch hängenden Wandschrank untergebracht werden.

Sitzgelegenheiten, Liegen

Ein Stuhl ist natürlich eine viel bequemere Sitzgelegenheit als der harte Badewannenrand. Vielfach – besonders in einem kleinen Raum – genügt ein schlichter Hocker, den zum Beispiel auch das Kind/die Kinder zum Zähneputzen vor das Waschbecken stellen und besteigen können. In diesem Fall sollte es aber auf jeden Fall ein stämmiger vierbeiniger Hocker sein, weil dreibeinige nicht die nötige Standfestigkeit bieten.

In einer Nasszelle, einem Dampfbad oder sogar einer geräumigen Duschkabine ist ein kleiner Holzhocker mit Lattensitzfläche von Vorteil. Das Dampfbad zum Beispiel könnte

man so entweder sitzend genießen oder sich dabei hinlegen und die Beine auf den Hocker legen, um die Lendenwirbelsäule zu entlasten.

In einem großzügiger bemessenen Badezimmer bietet sich ein bequemer Stuhl oder Korbsessel – vielleicht weiß oder farbig lackiert – als Sitzgelegenheit und Kleiderablage an. Da er unter Umständen das einzige frei stehende, bewegliche Möbelstück im Bad darstellt, muss man nicht unbedingt darauf achten, dass er zum Stil der Einrichtung passt, sondern kann vielleicht sogar ein üppiges Einzelstück auswählen, das einem modernen, minimalistischen Einbaubad einen Hauch barocke Pracht verleiht – vorausgesetzt, man mag es barock!

Ein wirklich sehr geräumiges Bad (meist ein früheres Schlaf- oder Kinderzimmer) lässt sich mit einem Sofa oder einer Liege in ein bequemes Wohnbad verwandeln. In einem minimalistisch reduzierten Design ist ein derartiges Möbelstück nur akzeptabel, wenn es sehr schlicht und ebenso reduziert gestaltet ist. Vielleicht wählt man in diesem Fall eine einfache Holzbank mit einer dünnen Kissenauflage oder eine aus dem türkischen Hamam (Dampfbad) entlehnte Steinbank mit Nackenstütze und Frotteeauflage. Einige klassisch-moderne Liegen passen ebenfalls in ein großzügiges schlichtes Bad, zum Beispiel Jasper Morrisons Sofa Three mit geraden Armlehnen und »körperangemessenen« Schalensitzen oder Alvar Aaltos Modell Nr. 43 mit gebogenem Buchenlaminatgestell und geflochtener Peddigrohr-Liegefläche (aus einer Serie von Sitzmöbeln, die er Mitte der Vierzigerjahre entwarf), das sich aufgrund seines schnell trocknenden Materials für

Linke Seite **Ein großer eingebauter Spiegelschrank mit beleuchtetem Ablagefach bietet in einem kleinen Bad Stauraum und Licht zugleich.**
Links **Ein schmales, dafür aber tiefes Einbauregal nutzt einen ansonsten »verschenkten« Zwischenraum aus.**
Rechts **Einige moderne Waschtische wie der hier abgebildete ahmen die traditionellen Tische mit Waschschüsseln nach.**

Räume mit hoher Luftfeuchtigkeit eignet. Marcel Breuers berühmter Wassily-Armlehnsessel mit Chromstahlrohrgestell und nach hinten geneigter Sitzfläche und Rückenlehne aus schwarzem Leder (oder Kunststoff, Modell Nr. 313) oder sein Freischwinger mit Peddigrohrsitz und -rückenlehne werden ebenfalls heute immer noch nachgebaut und eignen sich ideal für Badezimmer, weil die Materialien gegen Dampf und Luftfeuchtigkeit relativ unempfindlich sind. Auch Le Corbusiers und Charlotte Perriands elegant geschwungener, verstellbarer Liegestuhl – mit schwarzem Leder oder schwarz-weißem Fell gepolstert – wäre eine Alternative für ein elegant-reduziertes Wohnbad. Wenn man es antik und dabei aber sachlich-funktional liebt, stöbert man vielleicht in einem Antiquitätenladen einen Stuhl mit Lederpolster und verstellbarer Rückenlehne auf, der zur Ausstattung eines Friseursalons gehörte.

An dieser Stelle sei noch einmal darauf hingewiesen, dass Badezimmer gut entlüftet werden müssen, wenn man Polstermöbel hineinstellt, besonders solche mit Holzgestellen und Textilbezügen, damit die Materialien nicht durch Feuchtigkeit Schaden nehmen.

Garten- oder Strandmöbel sind natürlich besonders resistent gegen Nässe und Feuchtigkeit. Da man mit nackter Haut an den Kunststoffmodellen »kleben« bleibt, überdeckt man sie am besten mit einem Frotteetuch, das noch dazu dekorativ wirkt. Ein normaler Liegestuhl mit Textilbespannung ist die einfachste und sicher auch preiswerteste Alternative. Oder man leistet sich eine der hochwertigen Gartenliegen mit angehängtem Fußhocker aus Plantagen-Teakholz oder sogar einen der zahlreichen alten Schiffsliegestühle, die von den großen Ozeandampfern der Dreißiger- und Vierzigerjahre inzwischen in die Antiquitätenläden abgewandert sind – vor allem in Großbritannien und Amerika.

Oben Ein Sessel mit durchgehender geflochtener Sitz- und Rückenlehnenfläche passt gut zu einem Bad mit Thema Landhausstil. Frei stehende Möbelstücke steigern den Genuss und die entspannende Wirkung des Dusch- oder Vollbadrituals. **Rechts** Dieser filigrane Schminktisch mit Standdrehspiegel aus lackiertem Metall und dazu passendem Stuhl ermöglicht es der Dame des Hauses, so bequem und elegant Toilette zu machen, wie es die Ladys der Kinoleinwand in den Fünfzigerjahren taten.

Rechte Seite links In einem sparsam ausgestatteten Bad oder Duschbad genügt vielleicht ein kleiner Beistelltisch – hier mit abnehmbarem Tablett –, den man hierhin und dorthin schieben kann. Die Holzoberflächen sollten dabei wasserdicht lackiert sein. **Rechte Seite rechts** Dieser Bambushocker dient nicht nur als Sitzgelegenheit, sondern auch als Beistelltischchen für alles, was man beim Duschen oder Baden benötigt.

zur Einrichtung dieses angrenzenden Zimmers ausstatten und möblieren, um die räumliche und funktionale Zusammengehörigkeit zu betonen. In einem geräumigen Ankleidezimmer oder Bad neben dem Schlafzimmer hat auch ein Schminktisch Platz, an dem man bequem sein Make-up auftragen kann oder was immer man sonst für Verrichtungen vor dem Spiegel erledigt. Wünschenswert sind einige Schubladen, kommodenförmig rechts und links oder nebeneinander unterhalb der Tischplatte. Eine Tisch- oder Kommodenplatte aus Holz sollte man idealerweise mit einer Glasscheibe abdecken, damit Make-up und Maniküremittel keine Flecken auf dem Holz hinterlassen. Was die »Dekoration« des Schminktisches mit Utensilien, Schmuck und Nippes angeht, so sind der Fantasie der Leserin keine Grenzen gesetzt.

Servierwagen

Auch Tee- oder Servierwagen lassen sich für das Badezimmer zu praktischen Ablagen auf Rollen umfunktionieren. Zahlreiche in Modejournalen und Wohnbeilagen abgebildete Rollwagen stammen aus Krankenhäusern oder Zahnlabors, haben simple Chromrohrgestelle auf Rollen oder Gummirädern und Platten aus Glas oder Metall, sodass sie sich leicht abwischen lassen. Außerdem kann man sie überall dahin schieben, wo man das, was sie tragen, gerade zum Waschen, Baden oder Duschen braucht.

Da englische Antiquitäten auch in die deutschsprachigen Länder des »Continent« exportiert werden, dürften die Chancen gut stehen, einen solchen zu ergattern. Sowohl die antiken als auch die modernen Liegestuhlmodelle aus Holz sind natürlich relativ hart und sollten mit einer abnehmbaren Kissenauflage gepolstert werden, die man zum Trocknen oder Auslüften auch an der Wäscheleine im Garten aufhängen kann.

Schminktische

Ein Bad mit direktem Zugang vom Nebenraum (in den meisten Fällen vom Schlafzimmer), das auch als Ankleide fungiert, sollte man passend

Oben und oben rechts **Ein Spiegel ist
unverzichtbarer Bestandteil jeder
Badezimmereinrichtung. Der hier
gezeigte bildet die Tür eines in eine
Wandnische eingebauten Regals, wirkt
aber wie ein einfacher Wandspiegel.**
Rechts **Pflegeprodukte und Flüssigseife
sollte man möglichst in sortierte Behälter
umfüllen.**
Ganz rechts **Wo der Platz ausreicht, lässt
sich das Bad mit hübschen Flakons und
Accessoires dekorieren.**

Accessoires

Im minimalistischen Bad empfiehlt es sich, auch die Accessoires auf ein Minimum zu reduzieren. Selbst in einem Wohnbad sollten dekorative »Hinsteller« nicht überhand nehmen, damit keine Unordnung entsteht und ein klares, ruhiges Design nicht beeinträchtigt wird. Einige Accessoires gehören allerdings in jedes Bad.

Es empfiehlt sich, Badeöl und Duschgel der Schönheit wegen in einheitlich gestaltete dekorative Flaschen und Spender umzufüllen, die in Stil und Farbe auch zu den Behältern für Wattestäbchen oder andere »Bedarfsartikel« passen sollten.

Es gibt Raumduft-Räucherstäbchen oder -kegel, die das Bad nicht nur mit Wohlgerüchen erfüllen, sondern auch schon mal in mystischen Nebel hüllen können. Hierfür sind spezielle Halter im Angebot, in deren Löcher oder kleine aufrecht stehende Röhren man die Räucherstäbchen steckt. Eine mit Sand gefüllte Schale tut's auch und ist sogar insofern besser, als die Asche in den Sand fällt statt auf die Ablagefläche.

Viele handgefertigte Seifenstücke enthalten organische Stoffe wie Haferflocken oder Kräuter, die im Fall von Glycerinseife in der durchscheinenden Masse zu schweben scheinen; Badeseifen hängen zum Teil an dicken Kordeln, Gästeseifen in Glasgefäßen oder Schalen dienen als Dekorationsobjekte auf Fensterbrettern oder Ablageflächen.

Zu den Utensilien, die man im Bad nicht nur benötigt, sondern auch als schmückende Elemente einsetzen kann, zählen Luffas, Naturschwämme, Bimssteine und Massagebürsten. Diese Naturprodukte erfüllen einerseits ihren reinigenden und den Kreislauf anregenden Zweck und lassen sich andererseits so arrangieren und präsentieren, dass sie das Badezimmer verschönern. Naturschwämme haben noch dazu den Vorteil, dass sie – im Gegensatz zu Plastikschwämmen – lange Zeit ansehnlich bleiben, wenn sie immer gut austrocknen.

Bevor man aber darangeht, alle diese Kleinigkeiten in Schalen oder Körben, auf Fensterbänken und Ablageflächen zu verteilen, hat die Auswahl grundlegenderer Accessoires Priorität: Ablagen, Spiegel, Papier- und Zahnputzglashalter, Haken, Wäschekorb. Ihre Auswahl wird zu einem Gutteil vom Designstil und den Materialien des jeweiligen Badezimmers oder Duschbads abhängen. In ein Wohnbad mit Holzfußboden und Holzmöbeln wird eher ein Weidenkorb oder ein rustikaler Henkelkorb passen als eine stromlinienförmige Edelstahltonne.

Spiegel

Spiegel gehören ganz selbstverständlich in jedes Bad, und jeder weiß, für welche Verrichtungen er einen Spiegel benötigt. Zusätzlich reflektieren Spiegel aber auch Licht, sodass der Raum bei Tages- wie bei Kunstlicht heller wirkt, und erweitern das Badezimmer optisch, was besonders in kleinen Räumen wichtig ist.

Am praktischsten sind Spezialspiegel, die nicht wie alle anderen Glas- oder Kunststoffflächen beschlagen, wenn heiß geduscht oder gebadet wird. Hier hat man die Wahl zwischen speziell beschichteten Ausführungen oder Spiegeln, deren reflektierende Fläche von einer hinterlegten Heizfolie angewärmt wird. Da deren Betriebstemperatur sehr niedrig ist, verbraucht ein solcher Spiegel nur ganz wenig Strom.

Unter Umständen braucht man im Bad zwei Spiegel, einen normalen und einen Vergrößerungsspiegel. Diese gibt es in vielen Varianten, mit zweifacher oder dreifacher Vergrößerung, als Standmodelle oder für die Wandmontage, mit chrom- oder goldfarbenen Metallrahmen und -gestellen. Alle sind rund, viele in einem Rahmen drehbar mit einem normalen Spiegel auf der einen und dem Vergrößerungsspiegel auf der anderen Seite.

Oben **In einem breiten Rahmen drehbarer Vergrößerungsspiegel zur Wandmontage.**
Mitte **Diesen Vergrößerungsspiegel kann man mit Hilfe des Ziehharmonikascherengitters zu sich heranziehen.**
Unten **Der Vergrößerungsspiegel mit zweigelenkigem Schwenkarm ist an einem Handtuch- und Zahnputzglasständer befestigt.**

Türen oder Schranktüren lassen sich ebenfalls mit einem großen Spiegel bedecken, sodass man sich von Kopf bis Fuß darin betrachten kann und der Raum optisch erweitert wird. Auch Schranktüren kann man mit Spiegeln bekleben, deren Wirkung noch verstärkt wird, wenn über den Türen Downlights angebracht werden. Ein ovaler oder runder Spiegel ist eine attraktive Alternative zum rechtwinkligen, wobei ein runder, zum Beispiel in einem Bad mit nautischem Designthema, dazu benutzt werden kann, im entsprechenden Rahmen das Bullauge eines Ozeandampfers zu imitieren. Hohe Spiegel sind besonders wünschenswert in einem Bad, das gleichzeitig als Ankleidezimmer und/oder Gymnastikraum genutzt wird.

Regale und Ablagen

Selbst der kleinste Raum bietet Platz für kurze Regale oder schmale Ablagen, Seifenschalen, Seifen- und/oder Lotionsspender und Zahnputzglashalter. Es gibt fertige Duschregale mit Haken zum Aufhängen in Duschkabinen, deren Auflagen aus Lochblech oder Gittern bestehen, damit sich kein Wasser in den Schalen sammeln und die Seife aufweichen kann.

Fertige Ablagen »aus einem Guss« – oder aus mehreren Teilen – sind natürlich in allen möglichen Materialien und in allen Varianten auf dem Markt, sodass auch hier gilt: Wer die Wahl hat, hat die Qual.

Linke Seite links oben **Ein alter Holzkasten** für all die Kleinigkeiten, die sonst »herumfliegen« würden.
Rechte Seite rechts oben **Duftende Seifenstücke**, zwischen die Handtücher gelegt, ersetzen das Duftsachet.
Rechte Seite unten **Ein altmodischer Wäschekorb** findet unter einer Waschtischkonsole Platz und dient hier als »Vorratsbehälter«.
Unten **Alte Bonbongläser** oder Vorratsgefäße sind dekorative Behälter für Wattestäbchen und andere Nützlichkeiten.

Wer es englisch und antik mag, begibt sich vielleicht sogar auf die Suche nach einer viktorianischen oder edwardianischen Badewannenbrücke aus Metallstäben, die aber auch als Reproduktionen oder in modernen Versionen erhältlich sind, einige davon mit aufklappbarer Buchstütze, damit man beim Baden lesen kann.

In einem originell geschnittenen Bad, etwa in einem Altbau mit unregelmäßig vorspringenden Wandabschnitten oder einem Bad mit ungenutzter Türnische, die einst die Verbindung zum Nebenraum herstellte, kann man je nach Geschmack und Stil der Ausstattung Ablagen aus Sicherheitsglas, Holz oder Acryl schneiden lassen und in den jeweiligen Zwischenraum einpassen.

Unter dem Spiegel über dem Waschbecken wird vielfach eine Keramik- oder Glasablage angebracht. Letztere sollte vorzugsweise aus mattem oder transparentem Sicherheitsglas bestehen und – damit nichts herunterrutschen kann – von einem kleinen Metallgeländer oder hoch stehenden Rand eingefasst sein.

Bei der Auswahl ist es ratsam, darauf zu achten, dass die einzelnen Teile nicht zu viele Rillen, Ritzen und Rinnen aufweisen, die das Reinigen erschweren.

Wäschekörbe

Da man sich in der Regel im Badezimmer der schmutzigen Kleidung entledigt, wird auch der Wäschekorb dort aufgestellt. Neben diesem Zweck kann ein Wäschekorb aber auch als dekorative Sitzgelegenheit dienen, er muss nur stabil genug gebaut sein. Auf dem Markt sind robuste Weidenkörbe oder Wäschetonnen aus Holz oder Metall mit abnehmbarem oder hochklappbarem Deckel sowie Hocker bzw. Sessel mit herausnehmbarem oder ausziehbarem Wäschekorb unter der Sitzfläche.

Bevor man einen Wäschekorb oder Korbsitz anschafft, sollte man bedenken, welche Mengen an Schmutzwäsche im eigenen Haushalt anfallen.

In Familienhaushalten mit mehreren Kindern fallen zum Beispiel große Mengen Schmutzwäsche an, sie brauchen also eine große Tonne und am besten gleich mehrere getrennte Behälter für Koch- und Buntwäsche sowie empfindliche Wäscheteile.

Wenn Sie daran denken, sich von einem Architekten ein Haus bauen zu lassen, wäre ein Schacht ideal, in den man vom Badezimmer – oder vom Flur – durch eine Klappe die Schmutzwäsche direkt in die Waschküche im Keller befördern kann.

Seifenschalen und Zahnputzgläser werden jeweils unmittelbar auf, neben oder über dem Waschtisch benötigt. Auch bei diesen Utensilien reicht die Angebotspalette von edel-schlicht bis zu geblümt-verspielt.

Toilettenzubehör

Die meisten Toilettendeckel werden aus Kunststoff gegossen und sind in vielen Farben lieferbar, überwiegend allerdings in Weiß, Écru und Pastellfarben.

In Großbritannien wird vielfach die viktorianische Tradition hoch gehalten und die Toilettenbecken werden mit Holzdeckeln versehen, die es auf dem europäischen Kontinent aber selbstverständlich auch zu kaufen gibt. Holz ist natürlich nicht nur optisch attraktiver, sondern auch wärmer und etwas weicher als Plastik, sodass es mehr Sitzkomfort bietet.

In den letzten Jahren sind immer mehr Toilettendeckel mit witzigen Mustern oder in poppigen Farben auf den Markt gekommen –

Links und unten **Zahnputzbecher sollten passend zur Einrichtung ausgesucht werden und vorzugsweise aus unzerbrechlichen Materialien bestehen – wie diese aus durchscheinendem Kunststoff. Der Wäschekorb ist ein weiterer Behälter, den man häufig in Badezimmern findet. Er sollte einen Deckel haben und wasserfest sein, damit er weder durch Spritzwasser noch feuchte Wäsche Schaden nimmt. In einem Minibad, in das kein Wäschekorb hineinpasst, kann man einen Stoffbeutel an die Tür hängen.**

im Rahmen der »jungen« Linien –, einige sogar aus transparentem Kunststoff mit eingeschlossenen Muscheln, Kieseln, Münzen und allen möglichen anderen Dingen.

Was die Papierhalter angeht, so kann man schon längst nicht mehr nur zwischen den schlichten Modellen mit Klappdeckeln und den einfachen Querstangen wählen – die natürlich immer noch die preisgünstigsten Lösungen darstellen –, sondern sich einen edlen verchromten »WC-Ständer« mit Abroller, Bürste im Glas- oder Keramiktopf und Ersatzrollenhalter aussuchen. Im Sommerkatalog 2000 eines deutschen Versandhauses wird sogar ein Papierrollenhalter mit »Bad-/WC-Radio« und Digitaluhr angeboten! Der Trend geht also auch hier eindeutig zum »Wohlfühlbad«.

Für Ersatzpapierrollen sind Halter als Standmodelle oder für die Wandmontage erhältlich, auf Seite 140 ist ein stabiles Maschengitterregal (in einem New Yorker Badezimmer) abgebildet, das sogar recht dekorativ wirkt und sich sicherlich in Europa nachbauen lässt – oder sogar im Industrie- und Lagermöbelhandel findet?

Oben **Auch Wäschetonnen sind aus transluzenten Plastikmaterialien in vielen Farben auf dem Markt.**
Rechts **Diese Deckeltonne ist Hocker und Wäschekorb zugleich.**

Oben **Schlichter Ersatzrollenhalter
und Abroller aus Edelstahl für das
minimalistische Bad.**
Oben rechts **New York: Papierrollen-
installation im Metallgitterregal.**
Rechts **Handtuchring, flankiert von
Handtuchstangen im klassischen und
modernen Design.**

Badematten und -tücher

Hand-, Dusch- und Badetücher sind nicht nur nützliche, sondern auch dekorative Elemente in einem Badezimmer. Ordentlich gefaltet und in einem offenen Regal gestapelt, setzen sie Farbtupfer; zum Überwurf umfunktioniert, verdecken sie, was man nicht unbedingt »bloßlegen« möchte.

Außer den üblichen Frotteetüchern in allen Farben und Mustern gibt es feine Leinen-, Halbleinen- und Baumwolltücher – oder gröber gewebte zum Abrubbeln –, die nicht so platzraubend sind wie Frottee und auch schneller trocknen. Weiße Tücher sehen edel aus, müssen aber öfter gewechselt werden als farbige und dürfen – wenn sie ihr reines Weiß behalten sollen – nicht mit Buntwäsche in die Waschmaschine gesteckt werden, da diese meist doch etwas abfärbt.

Auch Bademattten werden vorwiegend aus Kunstfasern oder Baumwolle hergestellt – als Schlingenfrottee oder getuftet, einfarbig oder gemustert. Auch Flickenteppiche sind beliebte Badvorleger. Korkmatten sind dekorativ und besonders fußfreundlich, aber nicht sehr haltbar. Eine dauerhaftere Alternative sind Holzlattenroste – die man allerdings nur auf wasserdicht versiegelte Böden legen sollte.

Die Japaner benutzen das »taoru« – einen buchstäblich lappigen, aber größeren Waschlappen als die europäischen – nicht nur zum Waschen, sondern zusammengerollt auch als Rubbelbürste. In Nordeuropa findet man inzwischen auch in türkischen »Gemischtwaren«-Geschäften die kratzigen fingerlosen Handschuhe, mit denen man nach einem Dampf- oder Vollbad die abgestorbenen Hautzellen am ganzen Körper abrubbeln kann.

Handtuchhalter

Bislang gab es vorwiegend unbeheizte Handtuchhalter in Form von wandmontierten Stangen aus Metall oder auch Acryl, Teleskophaltern unter Waschtischplatten oder unter dem Waschbecken umlaufenden Stangen. In Neubauten werden heute dagegen immer mehr Röhrenradiatoren eingebaut, an denen die Frottetücher vor dem Bad angewärmt und nachher getrocket werden.

Oben **Diese emaillierte Seifenschale mit fächerförmigem Loch- bzw. Schlitzmuster lässt sich am Badewannenrand einhängen.**
Unten links **Ein dreieckiger Gitterkorb als Seifenschale und Ablage speziell für die Eckmontage.**

Unten rechts **Dieses filigrane geschwungene Drahtkörbchen balanciert mit Hilfe seiner Klemmvorrichtung auf dem Badewannenrand und ist geeignet zur Aufbewahrung größerer Dinge**, an dieser Stelle dient es als »Schwammhalter«.

4

OBERFLÄCHEN
UND DEKORATION

Wände und Verkleidungen

Fußböden

Farben

Dekoration

DA WEISSE SANITÄROBJEKTE SO BELIEBT SIND, WIRD DER CHARAKTER

EINES BADEZIMMERS MEIST DURCH DIE GESTALTUNG DER WÄNDE

UND FUSSBÖDEN UND DIE DEKORATIVEN AUSSTATTUNGSSTÜCKE

GEPRÄGT, WOBEI DIE GRUNDLEGENDEN ARBEITEN WIE MAUERVERPUTZ

UND ESTRICHLEGUNG SEHR WICHTIG SIND, DAMIT FLIESENWÄNDE,

FLIESENBÖDEN ODER MIT ÖLFARBE GESTRICHENE MAUERN HINTERHER

KEINE »WELLEN SCHLAGEN«.

Wenn der Fußboden des Badezimmers nicht sorgfältig genug gefliest oder mit glatt gestrichenem durch-
gefärbtem Beton bedeckt ist, entstehen leicht Dellen oder Risse, in denen sich Wasser sammeln oder durch
die Wasser in die Geschossdecke sickern und auf Dauer Bauschäden verursachen kann. Auch wenn das
Bodengefälle in einer Duschzelle nicht exakt auf den zentralen Abfluss hin geneigt ist, entstehen lästige
Wasserpfützen, sodass man nach jedem Duschen den Boden aufwischen muss.

Badezimmer sind vielfach klein und haben nur kleine, in den modernen Neubauten meist gar keine, Fenster.
Deshalb ist es wichtig, durch die Gestaltung den Eindruck von Geräumigkeit zu erzielen, zum Beispiel indem
man Pastellfarben und so wenig Muster wie möglich wählt – auf gar keinen Fall aber groß gemusterte
Flächen, die den Raum optisch einengen. In einem großzügigen Bad dagegen würden kräftige, dunkle
Farben für mehr Gemütlichkeit und »Geborgenheit« sorgen und Muster die Eintönigkeit großer Flächen
unterbrechen.

Mit Ölfarben gestrichene Wände sind dauerhaft wasserdicht und bieten viele dekorative Möglichkeiten, da
Lacke oder Latexfarben nicht nur einfarbig, sondern auch in Wisch- oder Marmoriertechnik aufgebracht oder
mit Schwämmchen unregelmäßig auf eine untere einfarbige Schicht aufgetupft werden können, sodass im

letzteren Fall ein wolkiger Eindruck entsteht. Mit dem Spachtel verteilte Ölspachtelmasse ergibt eine

unregelmäßige Oberflächenstruktur, was auch sehr reizvoll sein kann.

Mit wasserabweisenden Farben gemalte Wandbilder bzw. Fresken sind eine andere, extravagante Möglich-

keit, ein Bad auszugestalten – als Unterwasserlagune oder antike griechische Tempelruine zum Beispiel –,

was aber natürlich teurer wird, wenn man hier selber keine künstlerischen Talente entfalten kann. In

einem fensterlosen Bad wäre ein Trompe-l'oeuil-Fresko eines zum blühenden Garten geöffneten Fensters

zu empfehlen. Es gibt aber auch unter Glasur bemalte oder bedruckte Fliesen, die sich zu ganzen Bildern

zusammensetzen oder zum »Malen« abstrakter Bilder verwenden lassen.

Außer den Standardkeramikfliesen zählen heute auch (zum Teil wieder) Glas-, Stahl-, Stein- und Holzplatten

zum vielfältigen Angebot an Materialien für Wandverkleidungen, Fußbodenbeläge oder Ablageflächen, die in

modernen »Wohnbädern« Verwendung finden.

Bei der Auswahl aus der Fülle der erhältlichen Oberflächenmaterialien sollte man vor allem praktisch denken.

So sehen dunkle Schieferplatten mit unregelmäßiger Oberfläche zwar edel aus, sind in der Pflege aber

aufwendig. Glatte Flächen sind in der Regel am einfachsten sauber zu halten.

Wände und Verkleidungen

Alle Wand- und Bodenflächen im Bad sollten vorzugsweise glatt und gefliest sein, die Wände müssen allerdings nicht unbedingt bis zur Decke wasserfest gemacht werden. Vielfach wird es genügen, die Spritzwände hinter Badewannen und Waschbecken zu fliesen und die übrigen Wände atmungsaktiv zu streichen oder zu verputzen.

Linke Seite Das Bohren von Löchern in eine Schieferwand und das Andübeln von Spiegeln und anderen Accessoires erfordert besondere Geschicklichkeit, damit die Platten nicht springen.
Unten **Die unregelmäßige Oberflächenstruktur der Schieferplatten macht einen Teil ihres Reizes aus.**

Obwohl heute in Neubauten die Badezimmer durchweg gefliest werden finden sich in Altbauten noch jede Menge Bäder, die mit Öllackfarben gestrichen oder wasserfest tapeziert wurden – in den Siebziger- und Achtzigerjahren vor allem mit abwaschbaren Vinyltapeten. Abwaschbare Tapeten gibt es heute auch mit anderen Kunststoffbeschichtungen. In einem Bad, in dem nur die Spritzwände gefliest sind und das über ein Fenster ausreichend zu entlüften ist, kann man ruhig auch eine dekorative Wohntapete verkleben, ohne Angst haben zu müssen, dass sie sich früher oder später von der Wand löst oder schimmelig wird.

Neben den traditionellen Fliesen sind in modernen Badezimmerdesigns auch Spezialputzmörtel, Glas, Naturstein und Holz beliebte Oberflächenmaterialien. Diese organischen Baustoffe harmonieren mit weißen Sanitärserien und Edelstahlarmaturen – wobei auch ein Kontrast zwischen rauer, matter Wand oder Ablagefläche und glattem, glänzenden Metall harmonisch wirken kann.

Ökologisch bewusste Malermeister und Baubiologen raten davon ab, die Wände mit Kunststofftapeten zu bekleben oder mit Öl- oder Latexfarben zu streichen, da diese in Feuchträumen die Wände am »Atmen« hindern und so das Wachstum von Schimmelpilzen und Bakterien fördern. Die ökologische Alternative wird auf Seite 151 im Abschnitt Anstrichfarben näher beschrieben.

Stein-, Glas- oder Kunststoffablageflächen sollten vorzugweise abgerundete Kanten und Ecken haben, damit jede Verletzungsgefahr ausgeschlossen oder zumindest abgemildert wird.

Glas

Glas ist ein haltbares, leicht zu reinigendes Material und in vielen Varianten auf dem Markt: transparent oder opak, bunt oder strukturiert, gefrostet oder als Zwei- oder Mehrscheibenlaminat mit Kunstharzbinder verklebt, sodass – wenn eine Scheibe zerspringt – die andere(n) die Glasplatte noch zusammenhalten.

Sicherheitsglas ist aufgrund seines speziellen Herstellungsverfahrens viermal so widerstandsfähig wie normales Flachglas. Wenn es doch kaputt-

Links Sicherheitsglas ist nicht nur
glatt und leicht zu reinigen, sondern
ähnelt einer ruhigen Wasserfläche
und ist im Bad daher besonders
angebracht – wie hier als Waschtischplatte oder Spritzwand.
Ganz oben Eine schwere Waschtischplatte aus Naturstein bildet ein starkes
Gegengewicht zum großen Spiegel, der
für optische Weite und Leichtigkeit sorgt.

Oben rechts **Dünne Steinplatten verwendet man zur Verkleidung von Wänden und Badewannenschürzen, mit dicken Platten lässt sich sogar eine kantige Badewanne zusammenfügen.**
Oben **Diese Badewanne ist so von rauen Putzwänden eingefasst, dass sie wie aus dem Fels gehauen wirkt.**

geht, splittert es nicht, sondern zerbröckelt in kleine, relativ ungefährliche Stückchen. Inzwischen werden aus Sicherheitsglas auch Badewannen, Handwaschbecken »aus einem Guss« (mit durchgehenden breiten Rändern hinten und vorne und Ablageflächen zu beiden Seiten) sowie Spritzwände hergestellt. Das Glas ist dann entweder klar, eingefärbt, mattiert oder von unten/hinten farbig siebbedruckt.

Duschkabinenwände gibt es aus klarem Sicherheits-, Matt- oder Strukturglas. Klarglas als Spritzwandverkleidung vor einer gemusterten Tapete schützt diese vor Wasserflecken.

Glasscheiben sind an sich kein teures Material, das Zuschneiden und Installieren ist aber nicht ganz billig, da sie in der Glaserei auf Maß geschnitten und die Kanten besonders abgeschliffen werden müssen, weil »vor Ort« keine Nachbesserung möglich ist.

Stein

Naturstein ist wasserfest und in vielen Sorten und Oberflächenbehandlungen auf dem Markt. Marmor gab es früher nur in den Häusern der Oberen Zehntausend, er ist heute dagegen auch für eine breitere Käuferschicht erschwinglich und in Form von Fliesen, dünnen »Furnierplatten« oder vermischt mit Harzen als halbsynthetisches Fabrikat erhältlich. Diese Mischungen sind natürlich leichter als der Originalmarmor und lassen sich außerdem besser schneiden oder sogar zu verschiedenen Fertigteilen formen.

Kalksteine und Granite sind in vielen Varianten in ihren natürlichen Farbtönen – erstere hell, letztere dunkel – in Fliesen- oder Plattenform lieferbar, allerdings natürlich wesentlich teurer als einfache glasierte Keramikfliesen. In einem edlen Bad werden sie gern auch als Waschtischplatte oder Spritzwandverkleidung verwendet.

Holz und MDF

Holz lässt sich – gut gewachst oder anderswie wasserfest behandelt, z. B. mit Bootslack gestrichen – ebenfalls im Bad verwenden. Es gibt dem Raum Wärme. So mancher befürchtet vielleicht, Holz könnte durch Spritzwasser und Feuchtigkeit verrotten. Das stimmt zum Teil, die Wassermengen müssten allerdings entsprechend groß und die Dauer der Wasserbelastung extrem lange sein, um derartige Schäden in einem normal benutzten und regelmäßig gepflegten Bad zu verursachen! Andererseits ist Trockenheit für Holz schlimmer als Feuchtigkeit, da erst durch Austrocknen Risse entstehen. Holz hat den zusätzlichen Vorteil, dass es antibakteriell wirkt. Der Designtrend geht hin zu dunkleren Hölzern. Da der Teakbaum durch rücksichtslose Abholzung von Urwäldern bedroht ist, sind Iroko und andere forstwirtschaftlich produzierte Harthölzer gute Alternativen.

Die gründlichsten Informationen zur Verwendung von Holz im Badezimmer sollte man sich beim Fachhandel für Biofarben, Ökobaustoffe und Baubiologie holen. Dort bekommt man auch die richtigen Reinigungsmittel und Pflegeprodukte für Holzoberflächen und andere natürliche Materialien. Wenn Sie sich ein Haus bauen lassen, wird Ihr Architekt die entsprechenden Bezugsquellen kennen oder ausfindig machen.

Mitteldichte Faserplatten (= MDF) sind fester und robuster als die alten Kunstharzpressholzplatten (Resopal, Sprelakart, etc.) und lassen sich ausfräsen, sodass sie an den Wänden wie Nut-und-Feder-Täfelungen wirken können, die zum Beispiel in Großbritannien sehr populär sind. Selbstverständlich kann man sie – entsprechend oberflächenbehandelt – auch als Waschtisch- und Ablageplatten verwenden.

Edelstahlverkleidungen und -einbauten

Stahlbleche sind (meistens) leicht, immer wasserdicht und lassen sich zum Beispiel zu Waschtischen mit Becken »aus einem Guss« formen. Zu viel Edelstahl kann ein Badezimmer kalt und unwirtlich erscheinen lassen. So mancher findet aber gerade diese Kühle besonders attraktiv und elegant. Andererseits lässt sich Edelstahl gut mit natürlichen Materialien und Farben kombinieren, mit farbigen Wandanstrichen bzw. Fliesen, oder mit Acces-

Oben rechts Die weißen Putzflächen und beigefarbenen Kalksandsteinflächen dieses Badewannenpodests vermitteln zugleich Frische, Reinheit und Wärme der Badausstattung. Im Hintergrund Toilettenbecken und Bidet von Philippe Starck (Edition 1, Duravit/Hoesch)
Unten In diesem großzügigen, minimalistisch gestylten Bad sind nicht nur die Wandplatten und Fußbodenfliesen quadratisch und rechteckig, sondern auch die Schranktüren und Schubladenfronten.

Links oben **Auch die Spritzwand unter dem Spiegelschrank ist mit einer Spiegelscheibe verkleidet.**
Links unten **Da sie mit verschieden großen rechteckigen Holzplatten verkleidet ist**, deren Maserung

jeweils im rechten Winkel zur anschließenden Platte verläuft, wirkt die große Rückwand nicht so gewaltig.
Unten **Diese Duschkabine ist raumhoch mit unregelmäßigen Natursteinplatten ausgekleidet und wirkt daher sehr urwüchsig.**

soires wie Frotteetüchern. Wer alte Kupferwannen liebt und eine beim Antiquitätenhändler oder bei einer Baurecyclingfirma aufstöbert, scheut diese große Ausgabe meist nicht. Eine Designerbadewanne ist aber auch nicht unbedingt günstiger in der Anschaffung.

Anstrichfarben

Generell werden Öl-, Acryl-, Latex- oder Vinyl-Farben als Wandanstriche für Badezimmer empfohlen, da sie wasserfest und leicht zu reinigen sind. Sie haben den großen Nachteil, dass sie die Wände versiegeln, sodass diese nicht mehr »atmen« können und die Feuchtigkeit im Raum bleibt.

Die umwelt- und gesundheitsfreundlichen so genannten Mineral- oder Silikatfarben dagegen, deren Bindemittel – flüssiges Kaliumsilikat (Flüssigwasserglas) – auf dem Untergrund verkieselt bzw. versteinert und sich mit diesem (Putz, Beton, Naturstein, etc.) unlösbar verbindet, gewährleisten aufgrund ihrer hohen Wasserdampfdurchlässigkeit, dass die Wände »diffusionsoffen« bleiben, das heißt, die Feuchtigkeit nach außen abgeben. So wird verhindert, dass sich Wasser zwischen Anstrich und Untergrund ansammelt und zu Absprengungen und Rissen führt. Die deutsche Firma Keimfarben (s. Bezugsquellenverzeichnis) liefert Mineralfarben in 270 Standardtönen und hat auch eine Biofarbe für Allergiker im Angebot, da diese Menschen von den Ausdünstungen der normalen Kunstharz-, Latex- oder Acrylfarben asthmatische Anfälle bekommen können. Selbst die Fugen von Fliesenwänden sollte man besser nicht absolut wasserdicht mit Kunststoff versiegeln.

Wenn man ungefliste Wandabschnitte – meist ein Streifen unterhalb der Raumdecke – streicht, statt sie zu tapezieren, könnte man mit Hilfe spezieller Schablonen als »Stuckfrieseersatz« eine andersfarbige Borte aufmalen oder aufschwämmen. Wenn diese Möglichkeit Sie interessiert, erkundigen Sie sich im Buchhandel nach Büchern für Hobbydekorateure. Es gibt eine ganze Reihe von Titeln über das Malen mit Schablonen, oder fragen Sie in Bastelläden nach Schablonen, die es als Bastelkästen mit verschiedenen Musterschablonen, Pinseln und Schwämmen fertig zu kaufen gibt.

Fliesen

Glasierte Keramikfliesen in allen möglichen Größen, Farben und Mustern sind längst zum Standard für Wandverkleidungen in Badezimmern und Feuchträumen geworden.

Mosaikfliesen werden vom Hersteller auf Gitternetze geklebt, sodass man größere Flächen sozusagen mit einem Handgriff verlegen, aber auch kleinere Felder oder Streifen zurechtschneiden kann,

um Ecken auszufüllen. Natürlich lassen sie sich auch
in unregelmäßige Streifen schneiden, sodass man mit
verschiedenen Farben ein Wellenmuster erzeugen oder
die Wand zum Beispiel aufsteigend mit dunklen bis
pastellfarbenen Mosaikfeldern fliesen kann. In einem
sehr hohen Raum streicht man die Decke vielleicht dunkel,
um sie optisch herunter zu ziehen, und klebt die Mosaikfliesen dann absteigend von dunkel bis hell auf die
Wände. Die einzelnen Mosaiksteinchen sind entweder
rund, quadratisch mit abgerundeten Ecken, sechseckig
oder quadratisch.

Auch mit verschiedenfarbigen quadratischen Standard-
fliesen (10 x 10 cm) lassen sich Muster herstellen, allerdings großflächigere, wobei sie mit gemusterten Fliesen
kombiniert werden können, die man als Fries einsetzt.
Oder man schließt halbhohe Fliesenwände mit einer Borte
aus schmalen gemusterten Fliesen ab, die heute in vielen
Varianten auf dem Markt sind, häufig passend zu den
großen Fliesen. Die untere Abbildung auf Seite 154 zeigt,
dass man schmale rechteckige Fliesen auch sozusagen als

Linke Seite links **In einem Bad mit großen Fenstern, durch die Tageslicht einfällt, sehen dunkle Wände und Böden edel aus, in einem kleinen, schlecht beleuchteten Raum wirken sie eher beengend.**

Linke Seite oben rechts **Hier wurden die Mosaikfliesen nur für den Fußboden, die Blendwand mit integriertem Waschtisch und die Badewannenschürze verwendet, die Wände dagegen gestrichen.**

Oben und linke Seite unten **Die Mosaikfliesen verfugt man am besten mit einem dunkleren oder einem farblich passenden Mörtel, da weiße Fugen schneller grau und unansehnlich werden.**

Links **Eine edle Badewannenarmatur mit dem typischen »Federgriff« von Philippe Starck.**

Keramikfliesen sind die am häufigsten verarbeiteten Materialien zur »Auskleidung« von Badezimmern. Es gibt sie in unzähligen Ausführungen. Früher überwogen glänzend glasierte Fliesen, heute sind die matt glasierten beliebter. Moderne Badausstatter und ihre Kunden bevorzugen vielfach Fliesen mit erdigen, steinartigen Oberflächen.

Rechts Klassisch und zeitlos zugleich: ein Keramikbecken vor einer weiß gefliesten Wand.

Unten Spritzwand und Schürze dieser Badewanne sind in Anlehnung an die seitliche Backsteinwand mit länglichen Fliesen-«Ziegeln» verkleidet.

Unten rechts Zur Verkleidung von Rundungen sind Mosaiksteine besser geeignet als Fliesen.

Rechte Seite links Spritzwände und Badewannenumrandung sind mit Mosaiksteinen verkleidet.

Rechte Seite rechts Nahaufnahme des Badewannenrands aus quadratischen Mosaikfliesen.

verfremdete Backsteinimitate neben eine Ziegelmauer setzen kann. Oder man erzeugt das traditionelle zur Seitenwand über Eck verlegte Schachbrettmuster aus schwarzen und weißen oder verschiedenfarbigen Fliesen.

Alternativ zur massenproduzierten Fabrikware sind in den Fliesen- und Sanitärgeschäften des gehobenen Segments handgefertigte und handbemalte Fliesen erhältlich, einige sogar mit Reliefschmuck oder mit eingelassenen Metallplättchen, andere aus Glas in allen Farben des Regenbogens.

Wenn Ihre Badezimmerfliesen in gutem Zustand sind, Sie aber nur die Farbe oder das Muster – oder beides – nicht mehr sehen können, ist das Überstreichen mit einer auf Glasur oder glatter (sauberer und fettfreier) Kunststofffläche haftenden Grundierung und darüber einer kratzfesten Spezialfarbe die preisgünstigste Lösung.

Fugenmörtel oder Silikondichtmassen sind überwiegend weiß, es gibt sie jedoch auch in verschiedenen Farben, sodass man zum Beispiel in eine weißen Fliesenwand ein rotes Gittermuster setzen kann. Wenn weißer Fugenmörtel grau und unansehnlich geworden ist, lässt er sich einfach mit einem dünnflüssigen speziellen Fugenmittel im Tubenapplikator überdecken und so auffrischen.

Das alles sind nur einige von unzähligen Möglichkeiten. Ein Gang durch die Fliesen- und Sanitärgeschäfte wird dem Leser sicherlich noch viel mehr Anregungen geben.

Fußbodenbeläge sollten robust, wasserdicht und rutschfest sein. In vielen schlicht ausgestatteten, minimalistischen modernen Bädern bildet der Fußboden ein wichtiges Gestaltungselement. Hellere Böden lassen ein Bad großzügiger wirken, dunklere verleihen ihm Wärme und Intimität.

Fußböden

Badezimmerböden müssen so beschaffen sein, dass sie Wasserspritzer – unter Umständen sogar kleine Überschwemmungen – und Wasserdampf unbeschadet überstehen. Wenn sie mit Linoleum oder PVC-Belag ausgelegt sind, sollten diese Beläge so wenig wie möglich gestückelt werden, damit keine Ritzen entstehen, durch die Wasser sickern kann. Für die Neuauslegung eines bestehenden Badezimmers müssen alle Einrichtungsstücke (auch das Toilettenbecken und die Badewanne, wenn es sich bei dieser um eine frei stehende auf Füßen handelt) vorher aus dem Raum entfernt werden.

Wie bereits erwähnt, sind viele Bäder klein und sollten daher nicht durch einen wild gemusterten Bodenbelag

optisch noch verkleinert werden. Ein einfarbiger Boden wird hier für etwas mehr Weite sorgen. Dunkle Böden haben den Nachteil, dass Flusen, helle Haare und Staubflocken auf ihnen natürlich weitaus unangenehmer auffallen als auf helleren Belägen. Bei der Auswahl eines Bodenbelags sind nicht nur Komfort, Sicherheit und Hygiene zu bedenken, sondern auch Farben und Muster. Es lohnt sich, im Fachhandel (Baustofflieferanten und Wohnungsausstatter) die Fülle an Materialien und Möglichkeiten in Augenschein zu nehmen: Keramikfliesen und Natursteinplatten oder die wärmeren, fußfreundlicheren Materialien Kork, Holz, Linoleum, PVC und Gummibeläge.

Matten

In den meisten Neubauwohnungen werden die Bäder standardmäßig gefliest, und nur in Altbauten – vor allem auch im Gebiet der ehemaligen DDR – findet man noch Holzdielenböden oder Terrazzo.

Auf allen »nackten« Böden werden jedoch traditionell Matten vor dem Waschbecken, als Toiletten- und Badvorleger ausgelegt, meist aus Baumwollfrottee oder saugfähigen Kunstfaser-Baumwollgemischen. Auf sehr glatten, polierten oder glasierten Flächen sind Matten mit rutschfester Gummibeschichtung auf der Unterseite zu empfehlen. Auch Flickenteppiche aus Baumwolle sind

Linke Seite Kleine schwarze Quadrate sind in die Ecken der größeren Holzquadrate eingefügt – ein klassisches Bodenmuster, das man auch von Küchenböden kennt.

Das gleiche Muster gibt es als PVC-Belag.
Links und oben **Helle Holzböden im Bad müssen gut geölt, gewachst oder wasserfest lackiert sein.**

beliebt, und wenn man sowieso gerne öfters um-
dekoriert, kann man eine Weile auch Strohmatten
auslegen, die nicht sehr lange halten.

Kork

Kork wächst als Außenrinde (bis zu 20 cm dick) vor
allem der Korkeiche, *Quercus suber,* und enthält mit
dem Suberin eine Substanz, die das Material für
Wasser und Gase nur sehr schwer durchlässig macht.
Kork ist außerdem angenehm weich und warm und –
für ökologisch bewusste Käufer wichtig – ein nach-
wachsender Rohstoff, da die Korkeiche in drei bis
vier Jahren nach dem Abschälen der Rinde eine neue
bildet. Kork wirkt kälte- und schalldämmend, ist haltbar und erstaunlich widerstandsfähig.

Die natürliche Korkfarbe ist ein helles, warmes
Beige; meist wird Kork aber zu honigfarbenen bis
hellbraunen Belägen verarbeitet, auch Grüntöne und
andere Farben sind jedoch dabei. Üblicherweise werden Korkböden mit Formaldehyd- oder Polyurethan-
lacken versiegelt, Baubiologen empfehlen dagegen
das Ölen oder Lackieren mit ökologisch verträglichen
Lacken, die das Material »atmen« lassen.

Entweder verlegt man Korkfliesen oder kauft Kork-
boden von der Rolle. Beide Beläge sind dicker als die
zum Bekleben von Wänden verwendeten Korkplatten

und nicht nur wasserfest behandelt, sondern auf der
Unterseite auch mit einer Gummischicht gepolstert,
sodass sie besonders warm und weich sind – ideal für
bloße Füße im Badezimmer.

Holz

Die Tatsache, dass Holz empfindlicher gegen zu viel
Nässe und Feuchtigkeit ist als Fliesen, heißt noch lange
nicht, dass man es im Badezimmer gar nicht verwenden kann. Gut geölt, gewachst oder lackiert und liebe-
voll gepflegt, ist es fast ebenso haltbar wie Keramik
oder Stein, isoliert gegen Kälte und ist wunderbar
fußfreundlich, obwohl Furniere oder Laminate natürlich nicht ganz unproblematisch sind und mehr Sorgfalt und Pflege erfordern.

Von den europäischen Baumarten eignen sich
am besten die hellen, härteren Hölzer von Eiche,
Buche, Ahorn oder Esche, die tropischen Harthölzer
sind meist dunkler (und teurer). Auch Bambus wird
zu einem robusten, wunderschönen honigfarbenen
Parkettboden verarbeitet und ist bei einigen Fach-
händlern erhältlich, die sich auf Naturböden spe-
zialisiert haben.

Die preiswerteren Weichhölzer (hauptsächlich Kie-
fer) lassen sich in verschiedenen Farbtönen lasieren
und dann mit Klarlack überlackieren, was auch eine

Unten **Statt Frotteevorleger um das
Toilettenbecken ein Holzrost, der
auch kräftig gescheuert werden kann.**
Rechts **Holzroste und -flächen im
Badezimmer sollten sehr gut impräg-
niert sein.**

Rechte Seite **In diesem minimalistischen
Bad ist vor der Glasdusche ein Holzrost
als Vorleger in den Boden eingelassen.
Der Boden der Dusche besteht aus vier
Platten mit Fugenkreuz, durch welches
das Wasser in den darunter installierten
Ablauf fließt.**

Unten **Diese Art Hartgummibelag mit großen erhabenen Punkten wurde vielfach in öffentlichen Einrichtungen verlegt, hat aber inzwischen auch in häusliche Bereiche Einzug gehalten.**

Rechts **Das Verlegen von Steinböden – und das vorherige Zuschneiden der Platten – ist Präzisionsarbeit.**

gute Methode zur Restaurierung bzw. Aufhellung nachgedunkelter alter Holzdielen darstellt.

Wenn Sie vorhandene Holzdielen selber aufhellen und zu diesem Zweck lasieren möchten, sollten sie das Holz zuerst gründlich reinigen und, wenn es trocken ist, mit einem breiten Pinsel oder Schwamm weiße, cremefarbene oder blassgraue Lasurfarbe dünn und gleichmäßig auftragen. Erst wenn die Lasurfarbe eingezogen und gut getrocknet ist, kann man sehen, ob die erste Lasur ausreicht oder ob ein weiterer Anstrich nötig ist. Nach der Lasur ist die Holzmaserung durch die Farbe noch zu sehen, und der Boden erhält dadurch eine attraktive, feine Textur.

Auch Muster lassen sich mit verschiedenfarbigen Lasurfarben oder Holzbeizen malen: Schachbrett, Rhomben, Streifen, Mäander, Spiralen, Punkte – der Fantasie sind keine Grenzen gesetzt. Vielleicht können hier sogar die Schablonen wieder zum Einsatz kommen, die vorher für die Wandfriese benutzt wurden? Und wenn die Lasur – oder auch Farbe oder Beize – aufgebracht ist, lässt sich das ganze Muster mit einem klaren Bootslack fixieren und schützen, wobei man wissen muss, dass Bootslack, ebenso wie der üblichere Polyurethanlack, sehr lange braucht, bis er vollständig getrocknet ist. So manches Bad in einer Altbauwohnung hat noch Holzdielenböden, die – abgezogen und neu versiegelt – wunderschön aussehen und den Raum wohnlich machen.

Bodenbeläge aus Holz sind in verschiedenen Parkettformen oder als Dielen erhältlich. Welche Art für Ihr Bad am besten geeignet ist, sollten Sie mit dem Fachhändler besprechen. Lange Dielen längs in einem langen, schmalen Raum verlegt, würden ihn noch weiter in die Länge ziehen, hier empfiehlt sich eher ein kleinteiliges Fischgräten- oder Stabparkett – oder aber man lässt die breiten Dielen quer oder diagonal verlegen.

Rechts Wenn man eine Badewanne auf Füßen installieren will, muss zuerst der Fußboden vollständig gefliest oder belegt werden, wenn man unschöne, unregelmäßige »Ausschnitte« des Belags vermeiden will.
Oben rechts **Da der Duschbereich hier keine Spritzschutzwände hat, sind Wände und Boden gleichermaßen wasserdicht ausgekleidet.**
Rechts unten **Aufgrund der exakt bemessenen Bodenneigung fließt das Duschwasser vollständig in den Ablauf in der Ecke.**

Gummi, Linoleum, PVC

Traditionell werden Fabriken, Lagerhallen, Krankenhäuser und andere öffentliche Einrichtungen mit viel Publikumsverkehr und entsprechender »Belastung« mit Hartgummiböden ausgelegt, die vielfach rutschfest mit erhabenen Punkten oder Noppen versehen sind. Diese Materialien werden heute aber auch für bewusst »unterkühlt« und sachlich gestylte private Badezimmer verwendet. Sie sind relativ schalldämmend, wasserfest und lassen sich ohne großen Aufwand nass reinigen.

Linoleum ist ein organisches Material, das von einem Engländer namens Walton im Jahr 1860 erfunden wurde. Die Produktion in Deutschland wurde Anfang der 1880er-Jahre in Delmenhorst bei Bremen und Berlin-Rixdorf und Cölln (heute Berlin-Mitte) aufgenommen. Auf einem groben Jute- oder Leinengewebe wird eine Mischung aus oxidiertem Leinöl, Korkmehl, Kolophonium und Kaurigummi verstrichen und getrocknet, die Unterseite wird lackiert. Die Deckmischung wird mit natürlichen Pigmenten eingefärbt und/oder mit Mustern bedruckt.

Links **Der Fliesenfries an der Wand wiederholt sich als Rahmen um ein rechteckiges Mosaikfeld vor dem Waschtisch, das auf den ersten Blick wie ein Vorleger aussieht.**
Oben **Sauber verlegte braune Minifliese zwischen weißen achteckigen Bodenfliesen.**
Rechte Seite oben **Die dunklen Mosaikwände und der dunkle Boden passen farblich gut zur Außenwand dieses gusseisernen Badezubers.**
Rechte Seite unten **Das schwarz-weiße Schachbrettmuster im linken Bild ist in sich noch einmal in jeweils vier kleinere Mosaiksteine unterteilt, rechts dagegen besteht es aus großen Fliesen.**

Walton selbst brachte ein geprägtes Linoleum unter dem Markennamen Lincrusta Walton auf den Markt. Da sich die verschiedenen Bestandteile nicht völlig vermengen, ist Linoleum ohne Musteraufdruck unregelmäßig fein gestreift. Linoleum hat den Nachteil, dass es nicht so flexibel ist wie PVC und mit der Zeit Risse bildet.

Natürlich sind eine Fülle von PVC- und anderen Kunststoffbelägen in vielen Farben und Mustern auf dem Markt. Die Beläge kommen von der Rolle, sodass man den ganzen Raum durchgehend damit auslegen kann, oder in Form von Platten und Fliesen, die man zu Schachbrett- oder anderen Mustern zusammenfügen kann. Lassen Sie sich also beim Fachhändler anregen. Für ein Bad sind besonders die mit einer Schaumstoffschicht unterpolsterten Ausführungen von Interesse, da es sich auf ihnen wie auf einem nachgebenden Waldboden läuft.

Ein geschickter und erfahrener Heimwerker kann natürlich den Boden selber fliesen bzw. die Auslegware verlegen. Die meisten von uns werden dazu den Fachmann bemühen müssen oder sich allenfalls zutrauen, PVC-Fliesen zu verlegen und zu verkleben, wenn der Estrich glatt und ohne Tücken ist und das Bad nicht zu viele Ecken und Winkel hat. Sorgfältiges, akkurates Ausmessen des Raums und Berechnen der erforderlichen Fliesenstückzahl ist hierfür die unabdingbare Voraussetzung, damit man bei der Arbeit keine bösen Überraschungen erlebt.

Harte Bodenbeläge

In modernen Häusern und Wohnungen bestehen die Fußböden der Bäder inzwischen nicht nur aus Keramik- oder Steinzeugfliesen, sondern auch aus Schiefer-, Marmor- Granit-, Travertin- sowie anderen Natursteinplatten,

Terrakotta und poliertem Beton. Da alle diese Böden fußkalt sind, empfiehlt sich der Einbau einer Fußbodenheizung. Bei einem Neubau verursachen deren Planung und Einbau im Vergleich zu Heizkörpern einen nur geringfügig höheren Arbeits- und Kostenaufwand, in einem Altbau dagegen wird es wesentlich aufwendiger, da ja zuerst der alte Fußboden hoch genommen werden muss.

Ein Betonboden sieht mit Zuschlägen wie Glimmer oder Kieseln unter Umständen sogar edel aus, er lässt sich abschleifen und auf Hochglanz polieren bzw. lackieren und ist besonders bei minimalistisch orientierten Innenarchitekten – und Bauherren – beliebt. Außerdem ist Beton haltbar, wasserfest und leicht zu reinigen.

Schiefer ist ein Naturmaterial, das man traditionell eher mit Dachdeckungen in Verbindung bringt und das in Großbritannien derzeit als Fußbodenbelag so etwas wie eine Renaissance erlebt, zum einen infolge der vermehrten Verwendung von Fußbodenheizungen, zum andern weil es robuster und haltbarer ist als PVC oder der im Vereinigten Königreich weit verbreitete Teppichboden im Bad. Schiefer findet man nicht nur in Anthrazit oder Grautönen, sondern auch in Schattierungen von Grün und Blaugrün über Rostbraun bis Bernsteinrosa.

Da in Westeuropa der Trend in der Ausstattung von Badezimmern hin zum Wohnbad, Wohlfühlbad oder Fitnessbad geht, sind heute auch wesentlich mehr Mamor- Granit-, Travertin- und andere hochwertige Natursteinplatten als Belag für Badezimmerböden auf dem Markt als früher.

Mamor ist nichts anderes als ein kristallin-körniger Kalkstein. Der rein weiße von der griechischen Kykladeninsel Paros oder aus dem italienischen Carrara war schon im Altertum berühmt; er wird heute fast ausschließlich für Skulpturen verwendet. Die meisten in der Architektur und Innen-

architektur eingesetzten Marmorarten sind mit verschiedenen Pigmenten streifig durch-
zogen und gefärbt (schwarz durch Kohle, gelblich oder bräunlich durch Eisenocker, rötlich
durch Eisenoxyd) und kommen aus Griechenland, Italien, Frankreich, Österreich, Norwegen,
Belgien, Ägypten (der braunrote, schwarz punktierte rosso antico), Schottland und Irland.
Außerdem gibt es noch zusammengesetzte Marmorarten mit mineralischen Einschlüssen
und den Muschelmarmor.

Die Bezeichnung Granit leitet sich von lateinisch granum (Korn) ab, da diese Steine
sich aus »Körnern« von im wesentlichen Kalifeldspat, Quarz, Plagioklas und überwiegend
auch einer Glimmerart zusammensetzen, sodass die meisten Granite stellenweise perl-
mutter- oder goldfarben glitzern und schimmern. Der Magnesiaglimmer Biotit zum Beispiel
ist dunkelbraun oder eisenschwarz und in Zinnerz führenden Graniten enthalten, der Kali-
glimmer Muskovit ist silberweiß.

In einigen alten Luxusvillen finden sich noch Badezimmer mit Mosaikfußböden im Stil
römischer Bäder, in Nordeuropa allerdings meist kombiniert mit Terrazzo. Interessant ist,
dass in Italien viel häufiger moderne Mosaikfußböden in Badezimmern verlegt werden als
etwa in Deutschland, und in Deutschland wiederum häufiger in den Gegenden, die von
den Römern erobert und besiedelt wurden. So setzen sich alte kulturelle Traditionen in
veränderter Form bis in unsere Zeiten fort.

Links **Ein Mosaikboden im antiken Stil
mit Blattranken, Mäandern und ab-
strahierten Blüten. Dazu passen die edle
cremefarbene Täfelung und die Einbauschränke in diesem großzügigen Bad.**
Oben **Detail des Mosaikbodens.**
Rechte Seite **Auch in diesem Bad sind
die Wände um die Badewanne und der
Fußboden mit Mosaik bedeckt, allerdings
in einem modernen abstrakten Streifenmuster an den Wänden und ringförmig
auf dem Boden.**

Mosaiken lassen sich aus verschiedenen Materialien erstellen: Marmor, Keramik, Glas, Metall, Kieselsteinen. Ein Mosaik erfordert viel Geduld, Geschicklichkeit und künstlerisches Empfinden. Das Muster wird trocken zusammengesetzt, bevor es in Zement gegossen wird.

Wenn man sich einen ganzen Mosaikfußboden nicht leisten kann, lässt man vielleicht ein schmales umlaufendes Mosaikband in ein ansonsten mit größeren Platten ausgelegtes Bad einfügen oder ein kleines Mosaikfeld vor dem Waschtisch wie auf Seite 162 gezeigt.

Wenn Sie ein altes Badezimmer mit Holzdielenboden umgestalten und die Dielen durch Steinfliesen ersetzen möchten, sollten Sie, um ganz sicher zu sein, dass die Geschossdecke die zusätzliche Belastung aushält, zuerst einen Architekten konsultieren und die Statik des Gebäudes prüfen lassen.

Farben

Die Farbwahl ist eine sehr persönliche Angelegenheit. Jeder reagiert anders auf bestimmte Farben und Farbzusammenstellungen, hat seine Vorlieben und richtet sich dabei durchaus auch nach den wechselnden Moden.

Um den Eindruck einer Anstrichfarbe auf der Wand zu testen, sollte man zunächst etwa einen Quadratmeter Wandfläche damit streichen und diesen großen Fleck einige Tage bei unterschiedlichen Beleuchtungen auf sich wirken lassen, zum Beispiel im Licht der frühen Morgensonne, mittags und abends bei Kunstlicht, bevor Sie sich endgültig entscheiden und das ganze Bad damit streichen.

Gelb, Orange, Rot

Dies sind die warmen, sinnlichen Farben des Farbspektrums, wobei Gelb von warm bis kühl wirken kann: Ein blasses Gelb – fast schon weiß – sieht z. B. zart und elegant aus, ein helles Zitronengelb vermittelt den Eindruck von duftiger Frische, während ein sattes Goldgelb an orientalische Pracht denken lässt.

Ein kräftiges Orange war in den Siebzigerjahren modern, und man findet noch heute Küchen und Bäder mit leuchtend orangefarbenen Schranktüren und Sanitärobjekten – häufig kombiniert mit dunkelbraunen Fliesenwänden. Diese Farben sind natürlich längst aus der Mode gekommen. Orange gilt als Appetit anregend und bringt Wärme in einen Raum, Menschen mit feurigem Temperament wird jedoch häufig geraten, in ihrer Wohnung nicht zu viel Orange zu verwenden.

Wenn überhaupt, sollte man Orange nicht für den ganzen Raum, sondern vielleicht für nur eine Wand oder einige Farbtupfer in Form von Accessoires verwenden. Mit Orange – und jeder anderen kräftigen Farbe – kann man natürlich auch einen großen Wandspiegel oder andere Objekte an der Wand mit einem gestrichenen Farbband einrahmen oder eine halbhohe Fliesenwand mit einem breiten farbigen Pinselstrich abschließen.

Linke Seite **Die unregelmäßig goldfarben und orange gestrichene Wand wirkt luxuriös und urwüchsig zugleich und passt wunderbar zu dem alten Steinbecken und der Marmorsäule.**

Links **Ein dekorativer Fußboden, der lässig an die Wand gelehnte Spiegel im barocken Goldrahmen und echte Kunstwerke an den Wänden machen dieses Bad selbst zum Gesamtkunstwerk.**

Alle Blautöne – vom blassesten Himmelblau bis zum tiefseedunklen Marineblau – eignen sich natürlich hervorragend für Räume, in denen Wasser ein wesentliches Element darstellt. Manche Leute lehnen die Farbe Blau als »zu kalt« ab, andere empfinden sie als beruhigend und entspannend. Wer ein reines Blau als zu kühl empfindet, kann es mit ganz wenig Rot mischen, sodass es wärmer erscheint, ohne gleich violett auszusehen. Man kann es mit ein wenig Gelb grünlich färben, oder mit nur wenigen Tropfen Grün in Türkis verwandeln.

Grün ist eine heilende Farbe, die an Natur, Wachstum und Frische denken lässt. Die helleren Tönungen wie apfel-, minz- oder pistaziengrün bringen Frische ins Bad, besonders am frühen Morgen. Ein in dunklem Grün gehaltenes – vielleicht mit einem grünen Marmor oder Granit verkleidetes – Bad wirkt in gedämpftem Licht dagegen luxuriös und geheimnisvoll.

Weiß, Écru, Braun und Schwarz

Weiß ist die Farbe der Reinheit und Spiritualität und seit langem für die Ausstattung von Badezimmern sehr beliebt, nicht nur für Sanitärkeramik, sondern auch für Wände und Badmöbel. Weiß schafft Weite, allzu viel Weiß dagegen den Eindruck von Langeweile und klinischer Sterilität. Am besten kombiniert man reines Weiß mit farbigen Elementen oder tönt es zu einem »Wollweiß« oder zu einer blassen Pastellfarbe ab, sodass jeder Anflug von Krankenhaus- oder Laboratmosphäre weicht und nur schlichte Eleganz übrig bleibt.

Schokoladenbraune Fliesen oder Wandanstriche waren, wie gesagt, im Verbund mit orangefarbenen, gelben oder vorwiegend beigen Sanitärteilen in den Sechziger- und Siebzigerjahren große Mode. Obwohl man bei dunkelbraun eher an Erde und Dreck denkt, taucht die Farbe braun in freundlichen helleren Tönen doch wieder in verschiedenen Badmöbeln aus Holz oder Holzimitaten auf, ohne die Reinlichkeit des Badezimmers in Frage zu stellen.

Ein ganz schwarz gestrichenes Bad lässt den Raum sicher allzu erdrückend erscheinen, Schwarz in Mustern, Bordüren, Accessoires oder im Schachbrettmuster des Fußbodens dagegen bringt »a touch of class« – einen Hauch Noblesse – in ein schönes Badezimmer.

Rot gilt als das Symbol für Gefahr, Dominanz und Erotik – bis hin zur Dekadenz. Ein leuchtendes Zinnoberrot ist eine aufregende Signalfarbe und mit Vorsicht zu genießen – es sei denn, man will bewusst schockieren, was dem Leser natürlich unbenommen bleibt! Andererseits wirken rote Farbakzente auch belebend und fröhlich – nicht umsonst ist Rot für die Chinesen die Farbe der Freude.

Rosa, Violett, Blau und Grün

Rosa kann eine beruhigende, entspannende Wirkung haben, das moderne »Shocking Pink« dagegen wirkt belebend und energetisierend. Rosa gilt natürlich traditionell als weibliche Farbe, und verschiedene Rosatöne im Bad verleihen dem Raum Zartheit und feminine Eleganz. Ein blasses Altrosa harmoniert besonders gut mit klassischen weißen Waschtischen, Badewannen und Toilettenbecken.

Violett ist immer wieder einmal wirklich »der letzte Schrei«, bevor die Farbe über einen langen Zeitraum völlig indiskutabel ist. Pastelltöne wie Lavendel sehen ebenso wie Rosa gut aus neben weißen Sanitärserien und silberfarbenen bzw. verchromten Armaturen und Accessoires. Ein dunkellila gestrichener Raum wirkt enger und intimer als ein Bad mit hellen Wänden.

Glänzende dunkle Oberflächen in Form von Ablagen oder Spritzwänden sehen zwar sehr edel aus, erfordern aber zur Erhaltung ihres Glanzes die disziplinierte tägliche Reinigung, die nicht jeder auf sich nehmen will oder kann.

Farben mischen

Man braucht gewisse Kenntnisse und geschmackliches Geschick, um Farben zu mischen und damit den gewünschten Effekt zu erzielen. Allzu bunt sollte die Mischung aber nicht sein – es sei denn, man hat sich schon immer einen Regenbogen im Badezimmer gewünscht! Bei einfarbigen Wänden und weißen Sanitärserien sowie Badmöbeln kann man zum Beispiel mit bunten Armaturen und Accessoires Farbtupfer setzen. Oder man wählt eine Farbpalette aus verschiedenen

Oben und rechte Seite Auf diesen Abbildungen werden Mosaikfliesenwände in ihrer Gesamtwirkung und im Detail gezeigt. Mit den Minifliesen kann man verschiedene Farb-

stimmungen und -abstufungen ins Bad bringen.
Links Auch Accessoires wie Seifenschalen können dazu benutzt werden, lebhafte Farbakzente zu setzen.

Schattierungen derselben Farbe – von hell bis dunkel. Alternativ lässt sich mit einer kräftigen Kontrastfarbe, etwa einem knalligen Zinnoberrot an nur einer Wand, ein interessanter Effekt erzielen.

Mit Farben Stimmungsbilder malen

Eine Farbpalette aus Grün- und Blautönen, Türkis und Blassblau erzeugt den Eindruck von Meeresfrische und Kühle, aus Gelb und Orange von sonnendurchglühter

Rechts **Blau ist aufgrund seiner Verbindung mit Wasser schon immer eine beliebte Farbe für Badezimmer und andere Feuchträume gewesen. Verschiedene Blautöne lassen sich effektvoll mit Chrom und Beton kombinieren.**

Unten **Ein schwarzes Fliesenband auf halber Höhe unterbricht die Monotonie der weißen Wandfläche und setzt sich in der Einfassung der Fensteröffnung fort.**

Rechte Seite links **Auch Duschvorhänge können dazu dienen, eine Kontrastfarbe ins**

Bad einzuführen, hier mit einem dunkelgrünen Samt, der zur Wanne hin mit Plastik hinterfüttert ist.

Rechte Seite rechts **Weiße Handtücher auf einem Schachbrettmuster, das nicht immer und nicht nur schwarz-weiß sein muss.**

Landschaft. Creme und Rosa ergeben feminine Eleganz, Grau und Silber edle Sachlichkeit und kühles Understatement. Schwarz und Weiß folgen der klassischen Tradition.

Die »kalten« Farben passen besser zu silberfarbenen bzw. silbrig-grauen Armaturen aus glänzendem Chrom oder matt gebürstetem Edelstahl und zu weißen, cremefarbenen oder hellgrauen Sanitärobjekten und Badmöbeln, die zum Teil mit Glasflächen aus grünlichem oder türkisfarbenem Glas ausgestattet sind. Die »warmen« Farben harmonieren hingegen besser mit Messing, gold-glänzenden Metallen sowie Badmöbeln und Ablageflächen aus Holz und Holzimitaten.

Wenn Sie unsicher sind, welche Farben Sie wählen sollen, fangen Sie am besten mit einem neutralen Farbschema mit Weiß oder Creme an, und fügen dann andere Farben hinzu, vielleicht eine Wand in Pink oder einen Wandabschnitt in Blau, um zu beurteilen, ob diese Farbe auf Dauer gefällt. Beachten Sie bitte, dass es leichter ist, eine Pastellfarbe nachzudunkeln als einen dunkelfarbigen Wandanstrich aufzuhellen.

Auch die räumlichen Wirkungen verschiedener Farben und Farbnuancen müssen berücksichtigt werden. Wenn man zum Beispiel einen dunklen Fußboden hat und die Decke ebenfalls dunkel streicht, rücken diese Flächen optisch zusammen, was den Raum niedriger und kleiner erscheinen lässt. Eine in einer kräftigen Farbe gestrichene oder verkleidete Wand wird gegenüber den übrigen, helleren Wänden optisch dominieren und hervortreten. Mit diesem einfachen Trick lässt sich ein schmaler Raum durch dunkle Stirnwände »quadratischer« machen. Ein ausschließlich in einer Farbe gehaltenes Bad – Wände, Boden und Ablageflächen sowie Sanitärkeramik in der gleichen Farbe – wirkt manchmal eintönig und verwischt

die Konturen der einzelnen Ausstattungselemente. Der Fußboden sollte in jedem Fall etwas dunkler sein als die Wände und übrigen Oberflächen, um das Ganze zu »verankern« und solider erscheinen zu lassen. Vermeiden Sie dramatische Kontraste wie etwa zwischen einer dicken, massiven Waschtischplatte aus schwarzem Granit und einer ansonsten ganz in zartes Écru gehüllten Ausstattung. Das Schwarz der Waschtischplatte sollte anderswo im Bad eine kontrapunktische Entsprechung – etwa in Bordüren oder Accessoires – finden. Besser noch wäre ein graues

Material oder ein schwarz-weiß-grau-geäderter Marmor. Die farbige Ausgestaltung des Badezimmers gehört auf jeden Fall zu den vergnüglichsten Arbeiten, wenn Sie ein Badezimmer neu ausgestalten oder umgestalten möchten. Experimentieren Sie zunächst mit einem fotokopierten Plan, benutzen Sie ein vergrößertes Foto als »Malunterlage« oder sogar ein Raummodell, um verschiedene Farbschemata zu testen.

Dekoration

Auch die hübschen kleinen Dinge, mit denen man ein Bad dekoriert, sollten stilistisch zur Einrichtung und zum Thema der Ausstattung passen. Gerahmte Drucke oder ein Bücherregal sind in einem Wohnbad angebracht, während Muscheln und Kieselsteine das Meeresstrandthema untermalen.

An dekorativen Kleinigkeiten, die man auf den Ablageflächen oder auch auf dem Fußboden eines Badezimmers hübsch arrangiert, mangelt es nicht: antike oder moderne Flakons und Figurinen, alte Seifenschalen und Zahnpastadosen aus Porzellan, Vasen und Kerzenständer, Naturschwämme, Steine und Muscheln, Körbchen, Schmuckkästen und Pflanzen.

    Fensterbänke bieten sich nur dann als Dekorationsflächen an, wenn das Bad entweder ein Senk- und Hebefenster oder ein Kippfenster hat, denn

Oben links und linke Seite **In diesem Bad mit reduziert klassischer Einrichtung sind antike Flakons, Gläser und Dosen in einer alten Glasvitrine ausgestellt und gleichzeitig vor Staub geschützt.**

Oben und rechts **Badezimmer sind ganz persönliche, private Räume, in die man auch persönliche Erinnerungsstücke hängen oder stellen kann, wie hier die lässig an die Wand gelehnten Bilder auf schmalen Wandkonsolen oder eine antike englische Zahnpastadose.**

bei einem einseitig angeschlagenen Fenster müsste man sonst jedes Mal vor dem Lüften die Fensterbank abräumen und nachher alles wieder hinstellen.

Formen, Farben, Texturen

Beim Dekorieren von notwendigen oder lediglich schmückenden Details spielen deren Formen, Farben und Texturen eine wichtige Rolle. Selbst Frotteetücher können zum Dekorationsobjekt werden, wenn man sie farblich passend zur Badezimmereinrichtung und Wandfarbe und in verschiedenen Abtönungen von zum Beispiel Mint über Türkis bis Meeresgrün auf einem Regal stapelt.

Auf einer Wandkonsole oder einer Ablagefläche arrangierte Objekte sollte man nach Größen staffeln, sodass die höheren Gegenstände an der Wand, die niedrigeren davor stehen.

In einem sachlich-kühlen, minimalistisch gestylten und weitgehend monochrom weißen oder grauen Badezimmer kann ein einziges farbiges Objekt – vielleicht ein Frotteetuch in lebhaftem Rot – ein interessanter Blickfang sein.

In einem Bad mit zwei Fenstern würden sich Glasablagen in der Fensterlaibung gut machen, auf denen man – im Bad mit Wüstenoase als Ausstattungsthema – die Kakteensammlung oder hübsche Glasvasen und Flaschen ausstellen kann.

Auch verschiedene Oberflächentexturen sind schon Dekoration an sich: glänzende, glatte Fliesen und Armaturen neben flauschigem Frottee, ein Holzlattenrost als Badvorleger auf poliertem Beton- oder Marmorfußboden, rauer Lehmputz über einer Badewanne aus schimmerndem Quaryl® von Ucosan oder Naturschwämme in einem Weidenkorb unter der Waschtischkonsole, wie in der Abbildung auf Seite 177 zu sehen.

Haben Sie keine Angst vor leeren Flächen oder Wänden, diese können sehr erholsam sein und die Augen entspannen, die heute durch Fernsehen und Computerarbeit so vielen optischen Reizen ausgesetzt sind. Außerdem wirken in einem sparsam möblierten und dekorierten Badezimmer die wenigen Stücke umso eindrucksvoller – ganz nach dem Grundsatz des berühmten deutsch-amerikanischen Architekten der Moderne, Ludwig Mies van der Rohe: »Weniger ist mehr«.

Pflanzen

Zimmerpflanzen absorbieren Luftfeuchtigkeit und beleben jedes Badezimmer. Am besten werden Zimmerpflanzen gedeihen, die ursprünglich aus warmen Gegenden mit hoher Luftfeuchtigkeit stammen. In Bädern mit wenig oder gar keinem Tageslicht sollte man außerdem Pflanzen aufstellen, die den Schatten lieben – zum Beispiel verschiedene Farnarten – oder aber eine Blumenlampe installieren.

Eine weiße Orchidee in einem schönen Übertopf oder einer Hängeampel bringt einen Hauch edle Exotik in ein minimalistisch gestyltes Badezimmer und wird sich in der hohen Luftfeuchtigkeit wohl fühlen. Zusätzlich sollte man sie öfter mit einem Zerstäuber in Wassernebel hüllen.

Auch Kakteen und Sukkulenten gedeihen im Bad und benötigen dort aufgrund der höheren Luftfeuchtigkeit noch weniger Gießwasser als in Wohnräumen. Agaven mit ihren ausladenden Blättern und dolchscharfen Blattspitzen sollte man aber besser nicht im Bad unterbringen.

Es versteht sich von selbst, dass die Farben und Formen der Übertöpfe auf die Gesamtausstattung des Badezimmers abgestimmt werden sollten.

Unten (kleines Bild) und rechte Seite **Große Naturschwämme in den Farben goldbraun bis hell-gelblich sind nicht nur angenehm in der Benutzung, sondern auch dekorative Accessoires.**
Unten **Einige schlichte Flaschen, zwei Naturschwämme und zwei große Seesterne auf einer Wandkonsole – mehr braucht es nicht, um ein Bad zu dekorieren.**

Links **Eine klassischere Pokalvase, mit getrockneten Hortensienblüten gefüllt, bildet einen attraktiven Blickfang vor dem mit schmalen schwarzen Fliesen eingefassten Fenster. Auf einer so großzügigen Waschtischablage in** einem Bad mit Tageslichteinfall würden sich auch Zimmerpflanzen wohl fühlen, die viel Licht brauchen. Oder man leistet sich ab und zu den Luxus, einen frischen Blumenstrauß ins Bad zu stellen.

attraktive Dekorationsobjekte ab. Sie werden zum Teil aus dem Mittelmeerraum (z. B. Pinienzapfen), Fernost und Afrika importiert und lassen sich zu mehreren in Körben und Schalen oder als einzelne »Nippes« arrangieren und aufstellen.

Glas, Porzellan, Muscheln

Flaschen oder Vasen aus Glas und Porzellan sind wunderschöne Dekorationsstücke, sollten aber aus nahe liegenden Gründen außer Reichweite von unwillkürlichen Armbewegungen oder schwingenden Frotteetüchern und Duschvorhängen aufgestellt werden – etwa auf einem höheren Regalbrett, einer Wandkonsole, auf dem hinteren Rand einer breiten (d. h. tiefen) Waschtischablage, zwischen Doppelfenstern oder in einer Glasvitrine. Um diesen zerbrechlichen Gegenständen mehr Standfestigkeit zu verleihen, kann man sie auf Gummiuntersetzer stellen.

Links **Ein schmales Regalbrett an der Wand dient nicht nur als Ablage, sondern auch als Aufhängevorrichtung für Bürsten und Handtücher.**
Rechts **Was war hier zuerst: die Wandnische oder der Schrank? Drei formschöne Vasen, einige trockene Zweige und eine originelle Flasche ergeben eine attraktive Dekoration.**

Trockenblumenarrangements oder Seidenblumen und -pflanzen sind eine attraktive Alternative zu den lebenden Originalen und haben den Vorteil, dass sie nicht gegossen und nur gelegentlich abgestaubt werden müssen. Teurer in der Anschaffung, sind qualitätvolle Seidenblumen fast unbegrenzt haltbar und müssen erst ersetzt werden, wenn ihre Farben verblasst sind. Auf die Anschaffung billiger Seidenblumen verzichtet man besser, denn sie sind meistens nicht farbecht.

Auch Samenkapseln, Tannen- oder Pinienzapfen und andere getrocknete pflanzliche Materialien geben zum Beispiel in einem »Naturbad«

Exotische Muscheln sind beliebte Dekorationsstücke im Badezimmer. Die kleinen werden gern in Schalen und Glasgefäßen aufbewahrt und »ausgestellt«, die großen als Nippes auf Regalen und Ablageflächen verteilt. Große, exotische Südseemuscheln werden zum Beispiel in Massen aus den Philippinen nach Europa importiert, aber auch die Nordsee, der Atlantik und das Mittelmeer bieten eine Fülle interessanter Muscheln mit klangvollen und poetischen Namen, die in vielen Fällen etwas über ihre Form oder Farbe verraten: Menschenherz, Rote Bohne, Dornige Herzmuschel, Stachelauster, Jakobsmuschel, Arche Noah, Wendeltreppe, Veilchenschnecke, Große Horn- und Nordische Purpurschnecke, Herkuleskeule, Tritonshorn, Fassschnecke oder gar Fliegendrecknabelschnecke und Meerohren. Sie sind gerippt, wellig, stachelig oder glatt und dabei gefleckt, gestreift, gepunktet oder einfarbig, im Innern perlmuttern, schalenförmig oder konisch, kegelig, rund oder spindelförmig, von winzig bis über 30 Zentimeter hoch. Selbst gesammelt und aus fernen oder näheren Gegenden mitgebracht – die kleineren vielleicht sogar zu

einem Muschelmosaik auf Sandunterlage verarbeitet, das man gerahmt an die Wand hängen kann – sind sie zugleich Erinnerungs- und Dekorationsstücke.

Sinnesvergnügen

Im Bad kann man nicht nur Haut und Körper Gutes tun, sondern auch dem Geruchssinn, denn Düfte wie Patchouli, Rose und Ylang-Ylang stellt man nicht nur in dekorativen Flaschen auf, sondern benutzt sie, um die Luft mit orientalischen Wohlgerüchen anzureichern.

Andere Düfte helfen, Stress abzubauen und wirken gegen Schlaflosigkeit, etwa Jasmin oder Sandelholz. Es gibt sie in Form von Räucherstäbchen oder -kegeln, als Duftkerzen, getrocknete Blütenblätterpotpourris oder Raumsprays.

Kerzen bringen eine gedämpfte, gemütlich-beschauliche Beleuchtung in ein Badezimmer und lassen sich in Gruppen in Kerzenständern oder als duftende Schwimmkerzen in wassergefüllten Schalen arrangieren. Auch Teelichter werden mit Duft angeboten und streuen, wenn sie in spezielle farbige Glasgefäße gestellt werden, bunte Lichtflecken in den Raum. Teelichter sind zudem relativ brandsicher, da sie in kleinen Blechnäpfen stecken. (Außerdem hat man im Bad im Falle eines Falles ja auch unmittelbar jede Menge Wasser zur Verfügung.)

Alternativ kann man Kerzenleuchter aus getriebenen Messingblechen mit abstehendem Kerzenhalter an die Wand hängen. Die glänzende Messingfläche reflektiert die Kerzenflamme und verdoppelt deren Leuchtkraft.

Statt die täglich benutzten Utensilien und Pflegeprodukte »irgendwie« griffbereit hinzulegen oder zu stellen, könnte man sie – um auch das Auge zu erfreuen – in dekorativen Behältern aufbewahren bzw. in hübsche Spender und Flaschen umfüllen.

Wenn man das Bad auch als Ankleidezimmer benutzt, lassen sich Krawatten und Seidentücher zu Dekorationsgegenständen umfunktionieren.

Wer gerne dekoriert, muss auch nicht alle schmückenden Accessoires »auf immer und ewig« am selben Platz stehen lassen, sondern kann das Bad je nach Saison umgestalten – vielleicht mit bunten Steineiern in einem Körbchen zu Ostern, Sand und Muscheln im Sommer, Pinienzapfen und Kastanien im Herbst, Christbaumkugeln in einer Schale oder Nikoläusen auf der Wandkonsole in der Advents- und Weihnachtszeit. Der Fantasie sind hier keinerlei Grenzen gesetzt.

Rechts **Eine große Waschschüssel mit Schubladenunterschrank erinnert an die gute alte Waschkommode, bevor es fließend Wasser gab.**
Unten **Gästeseifen in einem kleinen Körbchen verbinden zusammen mit Gästetuch und Bürste das Nützliche mit dem Schönen.**
Rechte Seite **Fernöstlich inspiriert ist diese Dekoration aus Schale, Becher, Dosen und apartem Väschen für einen einzelnen Blütenstiel.**

Bezugsquellenverzeichnis

Bei den hier aufgeführten Bezugsquellen handelt es sich um eine von der Redaktion und dem Verlag der deutschen Ausgabe zusammengestellte, natürlich begrenzte, Auswahl von Herstellern und einigen »besonderen« Lieferanten, bei denen der interessierte Leser Informationsmaterial anfordern kann. Einige Hersteller sind zwar unter nur einer Rubrik aufgeführt, produzieren aber auch noch andere Objekte. Ausgangspunkt für die Zusammenstellung war die Annahme, dass neben den vielen Wohnzeitschriften in der Regel das Branchentelefonbuch die erste »Anlaufstelle« für alle diejenigen sein wird, die ein Badezimmer neu bauen oder einrichten möchten und auf der Suche nach Bad-spezialisten sind. Bei den örtlichen bzw. regionalen Badausstattern werden die Leser dieses Buches zusätzlich reichliches Prospekt- und Anschauungsmaterial finden, um sich anregen zu lassen und das Passende für ihr Bad aussuchen zu können.

GRATISINFORMATIONEN ÜBER BADEINRICHTUNGEN

Badmagazin
Hotfax 07833-85 85
oder Postkarte an
Duravit AG
Postfach 240
D-78132 Hornberg

»Hansa fürs Leben« Badmagazin
erhältlich bei:
HANSA Metallwerke AG
Sigmaringer Str. 107
D-70567 Stuttgart

»Mein Badeparadies Zuhause«
D&W Pool
Postkarte an D&W Pool
Aschaffenburger Str. 28 a
D-63867 Johannesberg

Öko plus
herausgegeben von der
Öko+ Fachhandels AG i. Gr.,
Frankfurt/Main

Wird im baubiologischen Fachhandel verteilt.

WÄNDE · BÖDEN · OBERFLÄCHEN

FACH- UND GROSSHANDEL FÜR BAUBIOLOGIE:

**Biofarben Vertriebs-
& Verarbeitungs GmbH**
Andreas Lohmann & Wolfgang Güse
Pariser Straße 51
D-10719 Berlin
Tel. 0049-(0)30-88 09 77-30
Fax 0049-(0)30-88 09 77-39
E-Mail info@biofarben.de
www.biofarben.de

Vertreibt nicht nur Farben, sondern auch Bodenbeläge, Dämmstoffe, Tapeten und Pflegeprodukte.

Keimfarben GmbH & Co KG
Keimstraße 16
D-86420 Diedorf
Tel. 0049-(0)821-48 02-0
Fax 0049-(0)821-48 02-210

Untergründe, Anstrichfarben (Mineralfarben), Putze etc.

Korkvertrieb Lothar Zipse
Tullastraße 26
79341 Kenzingen
Tel. 0049-(0)7644-91 19-0
Fax 0049-(0)7644-91 19-34

**Cosmomusivo Mosaikatelier
Fornasari & Teichert**
Große Hamburger Straße 25
D-10115 Berlin
Tel./Fax 0049-(0)30-281 68 06

Moderne Mosaiken sowie Restaurierungen und Reproduktionen (z. B. römischer Mosaiken)

**Illusionsmalerei
Bernhard Kilchmann**
Tipohl 5
D-2551 Peissen
Tel./Fax 0049-(0)4876-12 06

**Wallpaint Studios
Wandmalerei und Design**
Firmenicherstraße 41
D-53894 Satzvey
Tel. 0049-(0)2256-31 71
Fax 0049-(0)2256-31 64

SANITÄRKERAMIK

Deutsche Sphinx Sanitär GmbH
Postfach 1763
D-32591 Vlotho
Tel. 0049-(0)5733-14-0
Fax 0049-(0)5733-14-380

Auch WC-Wassersparsystem

Duravit AG
(s. o. Badmagazin)
Postfach 240
D-78128 Hornberg
Tel. 0049-(0)7833-70-0
Fax 0049-(0)7833-70-289
E-Mail info@duravit.de
www.duravit.com

Sanitärkeramik und Armaturen

Hansgrohe
(Adressen s. unter Armaturen)
Whirlpools, Ganzduschen

High Tech Vertriebs GmbH
Landsberger Straße 146
D-80339 München
Tel. 0049-(0)89-540 945-0
Fax 0049-(0)89-506 009
E-Mail hightech@hightech-vola.de

Moderne Waschtische aus Glas, Metall etc. verschiedener Hersteller.

**Hoesch Metall + Kunststoffwerk
GmbH & Co.**
Postfach 10 04 24
D-52304 Düren
Tel. 0049-(0)2422-54-0
Fax 0049-(0)2422-67 93
E-Mail info@hoesch.de
www.hoesch.de

Vertreibt Sanitärobjekte mit Duravit-Keramik-Teilen.

JACUZZI Europe S. p. A.
S. S. Pontebbana Km 97,200
I-33098 Valvasone (PN), Italia
Tel. 0039-(0)434 859 111
Fax 0039-(0)434 852 78

In Deutschland:
JACUZZI Whirlpool GmbH
Lindenstraße 110
D-49393 Lohne
Tel. 0049-(0)4442-93 300
Fax 0049-(0)4442-93 30 50

Edle Whirlpools »mit allen Schikanen«

KERAMAG
Kreuzerkamp 11
D-40878 Ratingen
Tel. 0049-(0)2102-916-0
Fax 0049-(0)2102-916-245
http://www.keramag.com

In Österreich:
KERAMAG Vertriebsgesellschaft
m. b. H.
Donaustraße 102/8
A-3400 Klosterneuburg
Tel. 0043-(0)2243-390 49
Fax 0043-(0)2243-390 49-4

In der Schweiz:
Sadorex Handels-AG
Letziweg 9
CH-4663 Aarburg
Tel. 0041-(0)62-787 20 30
Fax 0041-(0)62-787 20 40

Traditional Bathrooms GmbH
Ramskamp 63, bei »HOBI«
D-25337 Elmshorn
Tel. 0049-(0)4121-720 24
        0172-451 29 57
Fax 0049-(0)4121-777 78

*Englische Badezimmer im
traditionellen Stil*

Ucosan GmbH
Waldstraße 74
D-63128 Dietzenbach
Tel. 0049-(0)6074-85 20-0
Fax 0049-(0)6074-85 20-20
E-Mail ucosan@t-online.de
www.ucosan.com

Für andere Länder:
Ucosan International bv
Naritaweg 12
NL-1043 BZ Amsterdam
Tel. 0031-20-681 21 31
Fax 0031-20-681 21 16
E-Mail info@ucosan.nl
www.ucosan.nl

Villeroy & Boch
Generaldirektion
D-66693 Mettlach
Tel. 06864-810
Fax 06864-811 516
www.villeroy-boch.com

BADEWANNEN FÜR
BEHINDERTE/SENIOREN:

Premier Bathrooms
Freepost
BM4591
GB-Redditch, B97 6BR

ARMATUREN UND
ACCESSOIRES

Aloys F. Dornbracht GmbH & Co.
KG Armaturenfabrik
Köbbingser Mühle 6
D-58640 Iserlohn
Tel. 0049-(0)2371-433-0
Fax Inland 0049-(0)2371-433 232
Fax Export 0049-(0)2371-433 132

Hansa Metallwerke AG
Sigmaringer Straße 107
D-70567 Stuttgart
Tel. 0049-(0)711-1614-277
Fax 0049-(0)711-1614-463
E-Mail info@hansametall.com
www.hansametall.com

Hansa Austria GmbH
Rottfeld 7
Postfach 9
A-5013 Salzburg
Tel. 0043-(0)662-43 31 00-0
Fax 0043-(0)662-43 31 00-20
E-Mail hansa.austria@sbg.at

Hansgrohe
Carl-Zeiss-Str. 3
D-77656 Offenburg
Tel. 0049-(0)7836-51-0
Fax 0049-(0)7836-51 25 12
E-Mail info@hansgrohe.com
www.hansgrohe.com

In Österreich:
Hansgrohe
Industriezentrum
N. Ö. Süd, Straße 2 d, M 18
A-2355 Wiener Neudorf
Tel. 0043-(0)2236-62 83 0

In der Schweiz:
Hansgrohe AG
Industriestr. 9
CH-5432 Neuenhof
Tel 0041-(0)56-416 26 26

*Armaturen, Accessoires,
Duschköpfe, Duschpaneele,
Whirlpools, Ganzduschen*

Samuel Heath & Sons Plc
Leopold Street, Birmingham, England
Tel. 0044-121-772 23 03
E-Mail mail@samuel-heath.com
www.samuel-heath.com

*Klassisch englische Armaturen und
Accessoires. Exportiert nach
Deutschland, Österreich, Schweiz.
Bitte bei der Exportabteilung Ver-
triebspartner in Ihrer Nähe erfragen.*

Jörger Armaturen- und
Accessoiresfabrik GmbH
Seckenheimer Landstraße 270-280
D-68163 Mannheim
Tel. 0049-(0)-410 97 01
Fax 0049-(0)-410 97 10

*Klassizistische und moderne
Armaturendesigns, dazu passende
Sanitärkeramik und Waschtische*

Obermaier Versand
Welfenstraße 42
D-81541 München
Tel. 0049-(0)89-48 00 06 66
Fax 0049-(0)89-48 00 06 49

*Edle Badaccessoires, Textilien und
Pflegeprodukte*

Tap Company GmbH
Aachener Straße 60-62
D-50674 Köln
Tel. 0049-(0)221-952 28 28
Fax 0049-(0)221-952 28 29

*Englische Armaturen und Accessoires,
Handtuchtrockner*

GLASDUSCHEN UND
BADEEINRICHTUNGEN
AUS GLAS

Hüppe GmbH & Co., OHG
Industriestraße 3
D-26158 Bad Zwischenahn
Tel. 0049-(0)4403-67-0
Fax 0049-(0)4403-67-100
E-Mail hueppe@hueppe.de

In Österreich:
Hüppe Ges.m. b. H.
Straße 7
A-2355 Wiener Neudorf
Tel. 0043-(0)2236-638 53
Fax 0043-(0)2236-638 54

In der Schweiz:
Hüppe GmbH
Schlosserstrasse 4
CH-8180 Bülach
Tel. 0041-(0)1872 70 80
Fax 0041-(0)1872 70 88

*Duschkabinen, Spritzschutz aus Glas
für Duschen*

Joh. Sprinz GmbH & Co.
Argonnenstraße 9
D-88250 Weingarten
Tel. 0049-(0)751-56080-0
Fax 0049-(0)751-54409
E-Mail sprinz@w-4.de
www.sprinz-glasduschen.w-4.de

Sprinz-Vertretung in Österreich:
Johann Junek
Am Lettenfeld 41
A-3730 Eggenburg
Tel./Fax 0043-(0)2984-40 16

Sprinz-Vertretung in der Schweiz:
Badtech AG
Käsereistraße 15
CH-9306 Freidorf
Tel. 0041-(0)454 77 00
Fax 0041-(0)454 77 07

Edle Ganzglasduschen, Waschtische,
Spiegel, Licht

BADMÖBEL/AUSSTATTER

Attala Fliesen-Sanitär-Marmor
Lietzenburger Str. 44–46
D-10789 Berlin
Tel. 0049-(0)30-212 85-0

Im Text erwähnte Standheizungs-
»Skulptur«

Badmöbelvertrieb GmbH
Postfach 10 13 27
D-32513 Bad Oeynhausen
Tel. 0049-(0)5731-756 160
Fax 0049-(0)5731-756 166

Exklusive Badmöbel aus der Toskana,
Waschtischanlagen

db. das bad GmbH
Plainfeld 166
A-5322 Salzburg
Tel. 0043-(0)6229-26 78
Fax 0043-(0)6229-20 53

High Tech Vertriebs GmbH
Landsberger Str. 146
D-80339 München
Tel. 0049-(0)89-540 945-0
Fax 0049-(0)89-506 009
E-Mail hightech@hightech-vola.de

Lasa Idea
I-53035 Monteriggioni (SI)
Tel. 0039-(0)577-304 296
                304 290
                304 776
Fax 0039-(0)577-304 683
E-Mail info@lasaidea.com
www.lasaidea.com oder:
www.lasaidea.it

Waschtischanlagen

NICOL-MÖBEL Vertriebs-GmbH
& Co.
Wohnbadausstattungs-KG
Ostring 48-50
D-34277 Fuldabrück
Tel. 0049-(0)561-580 98-0
Fax 0049-(0)561-581 668

Badmöbel und -einrichtungs-
gegenstände sowie Accessoires wie
Badematten. Vertretungen u. a. in
Österreich und in der Schweiz.

sam Vertriebs GmbH + Co. KG
Postfach 2853
D-58688 Menden
Horlecke 102
D-58706 Menden
Tel. 0049-(0)2373-90 90 00
Fax 0049-(0)2373-90 90 101

In Österreich:
sam Schulte GmbH
Bergsteiggasse 26
A-1170 Wien
Tel. 0043-(0)1-402 49 51 52
Fax 0043-(0)1-402 48 35

In der Schweiz:
sam Schulte SA
Via Cantonale CP 117
CH-6805 Mezzovico
Tel. 0041-(0)91-935 97 10
Fax 0041-(0)91-935 97 11
E-Mail samch@swissonline.ch

SANIPA® GmbH
Postfach 102
Tel. (Infoline) 0049-(0)9142-978 978
Fax 0049-(0)9142-978 125
E-Mail infoline@sanipa.de

In Österreich:
Sanit Ges.m.b.H
Dr. Barilitsgasse 2-4
A-1238 Wien
Tel. 0043-(0)1-889 36 41
Fax 0043-(0)1-889 27 74

W. Schneider + Co. AG
CH-8135 Langnau a.A.
Tel. 0041-(0)1-713 39 31
Fax 0041-(0)1-713 34 11

In Deutschland:
W. Schneider GmbH
D-79720 Laufenburg
Tel. 0049-(0)7763-93 98 60
Fax 0049-(0)7763-93 98 80

Ausschließlich Spiegelschränke mit
Beleuchtung

Schock Bad GmbH
Ansbacher Straße 48
D-91757 Treuchtlingen
Tel. 0049-(0)91 42 49-0
Fax 0049-(0)91 42 49-201
E-Mail info@schock-bad.de
www.schock-bad.de

In Österreich:
Tel. 0043-(0)662-62 00 56
Fax 0043-(0)662-62 00

Zu den Abbildungen

Vor- und Nachsatz Wohnung Gabriele Sanders, New York. **1** Wohnung Karen Davies, London, Architektin: Joëlle Darby. **2** Wohnung, Paris, Ausstattung: Bruno Tanquerel. **4, 7** Haus in Surrey, GB, Umbau/Ausstattung: Damien D'Arcy Associates. **8** Haus in Hampstead, London, Architekten: Orefelt Associates. **9** Wohnung Gabriele Sanders, New York. **10–11** Haus in Paris, Architekt: Bruno Tanquerel. **11** Haus in London, Architekten: Carden & Cunietti. **12** Haus in Surrey, GB (wie 4, 7). **13 l** Haus Alison Thompson und Billy Paulett, London, Architekten: Stephen Turvil Architects. **13 M l** und M r Haus in Highbury, London, Architekten: Dale Loth Architects. **13 r** Loftwohnung Stephan Schulte, London. **14–15** Haus in London, Architekt: Seth Stein. **16 l** Haus in Surrey (wie 4, 7, 12). **16 r, 17** Haus in Hampstead, London, Architekten: Orefelt Associates. **18 o** Wohnung Simon Crookall, London, Innenarchitekten: Urban Salon Ltd.. **18 u** Haus Florence Buchanan/Steve, Harrison und Octavia Spelman, Tribeca, New York, Architekten: Sage Wimer Coombe Architects. **19 o** Wohnung des Innenarchitekten Alan Tanksley, Manhattan, New York. **19 u l, u r** Haus Alison Thompson und Billy Paulett, London, Architekten: Stephen Turvil Architects (wie 13 l). **20 o** Haus Philippa Rose, London, Innenarchitekten: Caroline Paterson und Victoria Fairfax von Paterson Gornall Interiors, in Zusammenarbeit mit Clive Butcher Designs. **20 u** Haus in Paris, Ausstattung: Bruno Tanquerel. **21** Haus Emma und Neil, London, Wandanstriche von Garth Carter. **22** Haus Hilton McConnico bei Paris. **23** Wohnung Kenneth Hirst, New York. **24** Haus in London, Architekt: Seth Stein. **25** Wohnung Richard Oyarzabarl, London, Innenarchitekt: Jeff Kirby von Urban Research Laboratory. **26, 29** Wohnung Calvin Tsao und Zack McKown, New York, von Tsao/McKown selbst gestaltet. **27** Haus in London, Architekt: Seth Stein. **28** Haus in London, Architekten Carden & Cunietti. **30–31** Loftwohnung John Eldridge, London, Architekt: Seth Stein. **32 o** Haus Andrew Wilson, London, Architekt: Azman Owens. **32 u, 33–34, 36–37** Haus in Surrey, GB (wie 4, 7, 12, 16 l). **35** Haus Sugarman-Behun, Long Island, New York. **37 o** Wohnung Suzanne Slesin und Michael Steinberg, New York. Innenarchitekt: Jean-Louis Ménard. **38** Haus Sera Hersham-Loftus, London. **39 l** Haus eines Architekten von Dale Loth Architects in London. **39 M r** Haus in Hampstead, London, Architekten: Orefelt Associates. **39 r** Wohnung in Paris, Ausstattung: Bruno Tanquerel. **40 l, 40–41** Haus Philippa Rose, London (wie 20 o). **41 l** Wohnung in New York, Architekt: Nasser Nakib, Ausstatter: Bunny Williams Inc. **41 r** Haus Sera Hersham-Loftus, London (wie 38). **43** Haus in Paris, Ausstattung: Bruno Tanquerel (wie 10). **44–45** Haus Lulu Guinness, London. **46** Wohnung Freddie Daniell, London, Innenarchitekt: Brookes Stacey Randall. **47 o l** Wohnung des Innenarchitekten Alan Tanksley, Manhattan (wie 19 o). **47 o r** Wohnung in New York, Architekten/Innenarchitekten: David Deutsch und Sidnam Petrone Gartner Architects. **47 u r** Haus des Architekten John Minshaw (Eigenentwurf), London. **48 o** Haus Sera Hersham-Loftus, London (wie 38, 41 r). **48 M l, M r, 48–49** Haus Emma und Neil, Wandanstriche: Garth Carter. **50, 51 l** Haus Sera Hersham-Loftus, London (wie 38, 41 r). **51 r** Haus des Architekten John Minshaw (wie 47 u r). **52** Wohnung Tim Attias, London, Architekten: Stickland Coombe Architecture. **53 o**

Wohnung in Paris, Ausstattung: Bruno Tanquerel. **53 u, 54** Haus in Hampstead, London, Architekten: Orefelt Associates. **55** Haus in London, Architekt: Seth Stein. **56 l** Wohnung Richard Hopkin , London, Innenarchitekten: HM2. **56 r, 57** Wohnung Freddie Daniell (wie 46). **58–59** Wohnung Calvin Tsao und Zack McKown, New York (wie 26). **60 l, 61 u l, o r** Haus in Surrey, GB (wie 4, 7, 12, 16 l, 32 u, 33–34, 36–37). **60 r** Haus Sugarman-Behun, Long Island (wie 35). **61 o l** Wohnung Freddie Daniell, London (wie 46, 56 r, 57). **62** Wohnung Richard Hopkin (wie 56 l). **63** Haus in Surrey, GB (wie 4, 7, 12, 16 l, 32 u, 33–34, 36–37, 60 l, 61 u l, o r). **64** Haus in London, Architekt: John Minshaw. **65 o l, o r** Haus in Surrey, GB (wie 4, 7, 12, 16 l, 32 u, 33–34, 36–37, 60 l, 61 u l, o r, 63). **65 u r** Loftwohnung John Eldridge, London (wie 30–31). **66–67** Haus in London, Architekt: Seth Stein. **68** Loftwohnung Simon Brignall und Christina Rosetti, London, Architekten: David Mikhail Architects. **69** Loftwohnung John Eldridge (wie 30–31, 65 u r). **70, 71 o l** Wohnung Fred Wadsworth, London, Innenarchitekten: Littman Goddard Hogarth. **71 u l** Wohnung in Paris, Ausstattung: Bruno Tanquerel. **71 u r** Haus Andrew Wilson, London (wie 32 o). **72** Nr. 1 New Inn Square, London, Privatrestaurant und Haus des Meisterkochs David Vanderhook. **73** Wohnung Jacques und Laurence Hintzy, bei Paris, Innenarchitekt: Paul Mathieu. **74–75** Wohnung in New York City, Architekten: Marino + Giolito. **76–77** Wohnung Karen Davies, London (wie 1). **78 l** Haus Sera Hersham-Loftus, London (wie 38, 41 r, 48 o, 50, 51 l). **78 r** Haus eines Architekten, London, Architekten: Dale Loth Architects. **79** Loftwohnung Gomez/Murphy, Hoxton, London, Innenarchitekten: Urban Salon Ltd. **80** Wohnung Calvin Tsao und Zack McKown, New York (wie 26, 58–59). **81 o l** Wohnung in Paris, Ausstattung: Bruno Tanquerel. **81 u l** Wohnung Karen Davies (wie 1, 76–77). **81 r** Wohnung in New York, Innenarchitekten: David Deutsch und Sidnam Petrone Gartner Architects. **82** Haus in Holland Park, London. **83** Haus Mr. und Mrs. Jeremy Lascelles, London, Architekten: Carden & Cunietti. **84 l, o r** Wohnung Richard Hopkin (wie 56 l, 62). **85** Nr. 1 New Inn Square, London (wie 72). **86** Haus Sugarman-Behun, Long Island (wie 35, 60 r). **87** Loftwohnung Stephan Schulte, London (wie 13 r). **88–89** Wohnung des Architekten Nigel Smith, London. **90 o** Loftwohnung Gomez/Murphy (wie 79). **90 u** Haus eines Architekten, London, Architekten: Dale Loth Architekten. **91** Loftwohnung Stephan Schulte, London (wie 13 r, 87). **92–93** Wohnung Calvin Tsao und Zack McKown, New York (wie 26, 58–59, 80). **93** Wohnung Karen Davies (wie 1, 76–77, 81 u l). **94** Wohnung Suzanne Slesin und Michael Steinberg, New York (wie 37 o). **95 M l** Haus in Highbury, London, Architekten: Dale Loth Architects. **95 r** Wohnung Jacques und Laurence Hintzy (wie 73). **96–97** Wohnung Heidi und Philip Wish, London, Ausstattung: Moutarde und Heidi Wish. **97 M l** Haus in Paris, Ausstattung: Bruno Tanquerel. **97 u l** Haus Tiffany Ogden, London: Architekt: Andy Martin von Fin Architects and Designers. **97 r** Haus eines Architekten, Architekten: Dale Loth Architects. **98** Haus Alison Thompson und Billy Paulett, London, Architekten: Stephen Turvil Architects (wie 13 l, 19 u l, u r). **99** Haus Buchanan/Spelman, Tribeca (wie 18 u). **100** Haus in Surrey (wie 4, 7, 12, 16 l, 32 u, 33–34, 36–37, 60 l, 61 u l, o r, 63, 65 o l, o r). **101 o l** Haus des Architekten John Minshaw, London (wie 47 u r). **101 o r, u l, u r** Haus in Surrey, GB (wie 4, 7, 12, 16 l, 32 u, 33–34, 36–37, 60 l, 61 u l, o r, 63, 65 o l, o r, 100). **102 l** Haus Andrew Wilson, London (wie 32 o, 71 u r). **102 o r, 103** Loftwohnung Simon Brignall und Christina Rosetti, London (wie 68). **102 u r** Wohnung Richard Hopkin (wie 56 l, 62, 84 l, o r). **104–105** Haus Philippa Rose, London (wie 20 o, 40, 41). **105 o l** Haus Vicente Wolf, Long Island,

New York. **105 o r** Haus Paul Brazier und Diane Lever, London, Architekten: Carden & Cunietti. **105 u r** Haus Mark Kirkley und Harumi Kaijima in Sussex, England. **106** Wohnung Calvin Tsao & Zack McKown, New York (wie 26, 58–59, 80, 92–93). **107 o l** Wohnung Freddie Daniell, London (wie 46, 56 r, 57). **107 o M, o r** Wohnung Richard Hopkin (wie 56 l, 62, 84 l, o r, 102 u r). **107 u** Haus in Surrey (wie 4, 7, 12, 16 l, 32 u, 33–34, 36–37, 60 l, 61 u l, o r, 63, 65 o l, o r, 100, 101 o r, u l, o r). **108 l** Haus Emma und Neil, London, Wandanstriche: Garth Carter. **108 r** Wohnung Calvin Tsao und Zack McKown, New York (wie 26, 58–59, 80, 92–93, 106). **108–109** Wohnung Heidi und Philip Wish, London (wie 96–97). **109 r** Haus in Paris, Ausstattung: Bruno Tanquerel. **110 o l** Haus in Paris, Entwurf: Bruno Tanquerel. **110 u l** Nr. 1 New Inn Square, London (wie 72, 85). **110–111** Loftwohnung Simon Brignall & Christina Rosetti, London (wie 68, 103). **111 o** Wohnung Simon Crookall, London (wie 18 o). **111 u** Wohnung des Architekten Nigel Smith, London (wie 88–89). **112 o l, u r** Haus in Surrey, GB (wie 4, 7, 12, 16 l, 32 u, 33–34, 36–37, 60 l, 61 u l, o r, 63, 65 o l, o r, 100, 101 o r, u l, o r, 107 u). **112 o r** Wohnung von Jacques und Laurence Hintzy (wie 95 r). **112 u M** Haus Sera Hersham-Loftus, London (wie 38, 41 r, 48 o, 50, 51 l, 78 l). **113 o** Wohnung Richard Hopkin, London, von HM2 (wie 56 l, 62, 84 l, o r, 102 u r, 107 o M, o r). **113 u l** Haus in Highbury, London, Architekten: Dale Loth Architects. **113 u r** Haus Emma und Neil, London, Wandanstriche: Garth Carter. **114 l** Wohnung Karen Davies, London (wie 1, 76–77, 81 u l, 93). **114 M** Wohnung Gabriele Sanders, New York (wie 9). **114 r** Haus in Paris, Ausstattung: Bruno Tanquerel. **115** Wohnung Jacques und Laurence Hintzy (wie 73, 95 r, 112 o r). **116 l** Haus Andrew Wilson, London (wie 32 o, 71 u r, 102 l). **116 r, 117 l** Loftwohnung Stephan Schulte, London (wie 13 r, 87, 91). **117 r** Wohnung Gabriele Sanders, New York (wie 9, 114 r). **118** Loftwohnung John Eldridge, London (wie 30–31, 65 u r, 69). **119 o l** Wohnung in New York City, Architekten: Marino + Giolito. **119 o, 120 o r, M** Nr. 1 New Inn Square, London (wie 72, 85, 110 u l). **119 o r** Wohnung in New York, Architekten: David Deutsch und Sidnam Petrone Gartner. **119 M l** Haus Philippa Rose, London (wie 20 o, 40, 41, 104, 105). **119 M** Wohnung Heidi und Philip Wish, London (wie 96, 97). **119 M r** Haus Alison Thompson und Billy Paulett, London (wie 98). **119 u l, u M** Haus in Paris, Ausstattung: Bruno Tanquerel. **119 u r** Wohnung Suzanne Slesin und Michael Steinberg, New York (wie 37 o, 94, 119 u r). **120 l** Haus Paul Brazier und Diane Lever (wie 105 o r). **120 o r** Nr. 1 New Inn Square, London (wie 72, 85, 110 u l, 119 o M). **120 M r** Wohnung in New York, Architekt: Nasser Nakib, Ausstatter: Bunny Williams Inc. **120 u r, 121 u** Wohnung Richard Oyarzarbal, London: Architekt: Jeff Kirby von Urban Research Laboratory. **121 o** Wohnung des Architekten Nigel Smith, London (wie 88–89, 111 u). **122, 123 l** Haus in Hampstead, London, Architekten: Orefelt Associates. **123 r** Wohnung Freddie Daniell, London (wie 46, 56 r, 57, 61 o l, 107 o l). **124 o l** Wohnung des Innenarchitekten Alan Tanksley, Manhattan (wie 19 o, 47 o l). **124 o r** Wohnung Kenneth Hirst, New York (wie 23). **124 u** Haus Mark Kirkley und Harumi Kaijima, Sussex, England. **125 o, u l** Haus in Holland Park, London. **125 u r** Haus Buchanan/Spelman, Tribeca, NY (wie 18 u, 99). **126, 128, 129, 130** Haus in Surrey (wie 4, 7, 12, 16 l, 32 u, 33–34, 36–37, 60 l, 61 u l, o r, 63, 65 o l, o r, 100, 101 o r, u l, o r 107 u, 112 o l, u r). **127 o** Haus Paul Brazier und Diane Lever (wie 105 o r, 120 l). **127 M** Nr. 1 New Inn Square, London (wie 72, 85, 110 u l, 119 o M, 120 o). **127 u** Wohnung in New York City, Architekten: Marino + Giolito. **128** Haus in London von Seth Stein. **129 o** Haus in Paris, Ausstattung: Bruno Tanquerel. **129 u** Haus Buchanan/Spelman, Tribeca (wie 18 u, 99, 125 u r). **131 l**

Wohnung Kenneth Hirst, New York (wie 23, 124 o r). **131 r** Haus in London, Architekten: Carden & Cunietti. **132 o** Haus Vicente Wolf, Long Island (wie 105 o l). **132 u** Haus Lulu Guinness, London (wie 44–45). **133 o** Haus in Paris, Entwurf: Bruno Tanquerel. **133 r** Haus Paul Brazier und Diane Lever, London (wie 105 o r, 120 l, 127 o). **134 o l, o r** Haus in Surrey (wie 4, 7, 12, 16 l, 32 u, 33–34, 36–37, 60 l, 61 u l, o r, 63, 65 o l, o r, 100, 101 o r, u l, o r 107 u, 112 o l, u r 126, 128, 129, 130). **134 u l** Loftwohnung Simon Brignall und Christina Rosetti, London (wie 68, 103, 110, 111). **134 u r** Haus Lulu Guiness, London (wie 44–45, 132 u). **135 o** Haus Vicente Wolf, Long Island (wie 105 o l, 132 o). **135 M** Wohnung in New York, Architekt: Nasser Nakib, Ausstatter: Bunny Williams Inc. **135 u** Haus Alison Thompson und Billy Paulett, London, Architekten: Stephen Turvil Architects (wie 13 l, 19 u l, u r, 98). **136 o l, o r** Häuser in Paris, Entwürfe: Bruno Tanquerel. **136 u** Wohnung Heidi und Philip Wish (wie 96, 97, 108, 109, 119 M). **137** Haus in London, Architekten: Carden & Cunietti. **138 o l** Wohnung Simon Crookall, London (wie 18 o, 111 o). **138 o r** Wohnung in New York City, Architekten: Marino + Giolito. **138 u l** Wohnung des Innenarchitekten Alan Tanksley, Manhattan (wie 19 o, 47 o l, 124 o l). **138 u r** Haus Philippa Rose, London (wie 20 o, 40, 41, 104, 105 119 M l). **139 o l** Haus in Highbury, London, Architekten: Dale Loth Architects. **139 o r** Haus des Architekten John Minshaw (wie 47 u r, 101 o l). **139 u l** Wohnung Richard Oyarzarbal, London (wie 120 u r, 121 u). **139 u r** Wohnung Freddie Daniell, London, (wie 46, 56 r, 57, 61 o l, 107 o l, 123 r). **140 o l** Loftwohnung John Eldridge, London (wie 30–31, 65 u r, 69, 118). **140 M l** Wohnung Jacques und Laurence Hintzy bei Paris (wie 73, 95 r, 112 o r, 115). **140 o r** Wohnung Suzanne Slesin und Michael Steinberg, New York (wie 37 o, 94, 119 u r). **140 u l** Wohnung in New York, Architekt: Nasser Nakib, Ausstatter: Bunny Williams Inc. **140 M u** Haus Philippa Rose, London (wie 20 o, 40, 41, 104, 105 119 M l, 138 u r). **140 u r** Wohnung Kenneth Hirst, New York. **141 o** Wohnung Suzanne Slesin und Michael Steinberg, New York (wie 37 o, 94, 119 u r, 140 o r). **141 u l** Haus in London, Architekt: John Minshaw. **141 u r** Haus in Paris, Entwurf: Bruno Tanquerel. **142–143** Haus Lulu Guinness, London (wie 44–45, 132 u). **143** Wohnung in New York City, Architekten: Marino + Giolito. **145 l** Haus in Paris, Entwurf: Bruno Tanquerel (wie 141 u r). **145 M l** Haus Hilton McConnico, bei Paris (wie 22). **145 M r** Haus des Architekten John Minshaw, London (wie 47 u r, 101 o l, 139 o r). **145 r** Haus Buchanan/Spelman, Tribeca (wie 18 u, 99, 125 u r, 129 u). **146–147** Loftwohnung Gomez/Murphy, London (wie 79, 90 o). **148 o** Loftwohnung Stephan Schulte, London (wie 13 r, 87, 91, 116 r, 117 l). **148 u l** Haus Buchanan/Spelman, Tribeca (wie 18 u, 99, 125 u r, 129 u, 145 r). **148 u r** Haus des Architekten John Minshaw, London (wie 47 u r, 101 o l, 139 o r, 145 M r). **149 l** Haus in Paris, Entwurf: Bruno Tanquerel. **149 r** Haus Sugarman-Behun, Long Island (wie 35, 60 r, 86). **150 o** Wohnung Richard Hopkin (wie 56 l, 62, 84 l, o r, 102 u r, 107 o M, o r, 113 o). **150 u** Loftwohnung Stephan Schulte, London (wie 13 r, 87, 91, 116 r, 117 l, 148 o). **151 o l** Wohnung Heidi und Philip Wish, London (wie 96, 97, 108, 109, 119 M, 136 u). **151 u l** Nr. 1 New Inn Square, London (wie 72, 85, 110 u l, 119 o M, 120 o r, 127 M). **151 r** Haus Vicente Wolf, Long Island (wie 105 o l, 132 o, 135 o). **152 o l** Haus eines Architekten, London, von Dale Loth Architects. **152 o r, 153** Haus Paul Brazier und Diane Lever, London (wie 105 o r, 120 l, 127 o, 133 r). **152 u** Wohnung Jacques und Laurence Hintzy bei Paris (wie 73, 95 r, 112 o r, 115, 140 M l). **154 o** Wohnung in New York City, Architekten: Marino + Giolito. **154 u l** Wohnung Simon Crookall, London (wie 18 o, 111 o). **154 u r** Wohnung Fred Wadsworth, London, Ausstatter: Littman Goddard

Hogarth. **155, 156–157** Haus des Architekten John Minshaw (wie 47 u r, 101 o l, 139 o r, 145 M r, 148 u r). **157 u** Haus Frazer Cunningham, London. **158 l** Wohnung Kenneth Hirst, New York (wie 23, 124 o r, 131 l). **158 r** Haus in London, Architekten: Carden & Cunietti. **159** Loftwohnung Simon Brignall und Christina Rosetti, London (wie 58, 103, 110, 111, 134 u l). **160 l** Wohnung Andrew Wilson, London (wie 32 o, 71 u r, 102 l). **160 r** Haus in Surrey, GB (wie 4, 7, 12, 16 l, 32 u, 33–34, 36–37, 60 l, 61 u l, o r, 63, 65 o l, o r, 100, 101 o r, u l, o r 107 u, 112 o l, u r 126, 128, 129, 130, 134 o l, o r). **161 u l** Haus in Paris, Entwurf: Bruno Tanquerel. **161 o, u r** Loftwohnung Gomez/Murphy, London (wie 79, 90 o, 146, 147). **162 l** Wohnung Suzanne Slesin und Michael Steinberg, New York (wie 37 o, 94, 119 u r, 140 o r). **162 r** Haus in London, Architekt: John Minshaw. **163 o** Haus in Holland Park, London. **163 u l** Wohnung in New York City, Architekten: Marino + Giolito. **163 u r** Haus Vicente Wolf, Long Island (wie 105 o l, 132 o, 135 o, 151 r). **164** Wohnung in New York, Architekt: Nasser Nakib, Ausstatter: Bunny Williams. **165** Wohnung in New York, Architekten: David Deutsch und Sidnam Petrone Gartner Architects. **166** Haus Hilton McConnico, bei Paris (wie 22, 145 M l). **166–167** Wohnung Heidi und Philip Wish (wie 96, 97, 108, 109, 119 M, 136 u, 151 o l). **168–169** Häuser in Paris, Entwürfe: Bruno Tanquerel. **170 o l, r** Wohnung Richard Oyarzarbal (wie 120 u r, 121 u, 139 u l). **171** Haus Paul Brazier und Diane Lever (wie 105 o r, 120 l, 127 o, 133 r, 152 o r, 153). **172 o** Haus in London von Seth Stein. **172 u** Haus Vicente Wolf, Long Island (wie 105 o l, 132 o, 135 o, 151 r, 163 u r). **173 l** Haus in London, Architekten: Carden & Cunietti. **174, 175 o l** Wohnung Suzanne Slesin und Michael Steinberg (wie 37 o, 94, 119 u r, 140 o r, 162 l). **175 o r** Haus Vicente Wolf, Long Island (wie 105 o l, 132 o, 135 o, 151 r, 163 u r, 172 u). **175 u** Haus Buchanan/Spelman (wie 18 u, 99, 125 u r, 129 u, 145 r, 148 u l). **176–177** Haus Sugarman-Behun, Long Island (wie 35, 60 r, 86, 149 r). **178 o** Haus Vicente Wolf, Long Island (wie 105 o l, 132 o, 135 o, 151 r, 163 u r, 172 u, 175 o r). **178 u l** Wohnung Calvin Tsao und Zack McKown (wie 26, 58–59, 80, 92–93, 106, 108 r). **178 u r** Haus Hilton McConnico, bei Paris (wie 22, 145 M l, 166). **179 o l** Haus eines Architekten von Dale Loth Architects, London. **179 o r** Haus des Architekten John Minshaw (wie 47 u r, 101 o l, 139 o r, 145 M r, 148 u r, 155, 156–157). **179 u** Haus in Paris, Ausstattung: Bruno Tanquerel. **180 o** Haus Frazer Cunningham, London. **181** Haus Vicente Wolf, Long Island (wie 105 o l, 132 o, 135 o, 151 r, 163 u r, 172 u, 175 o r, 178 o). **192** Wohnung in Paris, Ausstattung: Bruno Tanquerel.

Die Autorin dankt David Jones von *Colourwash* und Jenny Hildreth von *The Building Design Centre* für Informationen.

Architekten und Innenarchitekten,

deren Badezimmer-Interieurs in diesem Buch abgebildet sind:

Azman Owens
Architekten
8 St Albans Place
London N1 0NX
Tel. 0044(0)20-7354 2955
Fax 0044(0)20-7354 2966
32 o, 71 ur, 102 l, 116 l, 160 l

Brookes Stacey Randall
New Hibernia House
Winchester Walk
London SE1 9AG
Tel. 0044(0)20-7403 0707
Fax 0044(0)20-7403 0880
e. info@bsr-architects.com
46, 56 r, 57, 61 ol, 107 ol, 123 r, 139 ur

Clive Butcher Designs
The Granary
The Quay
Wivenhoe
Essex CO7 9BU
Tel./Fax 0044(0)1206-827708
20 o, 41, 104–105, 119 Ml, 138 ur, 140 Mu

Carden Cunietti
83 Westbourne Park Road
London W2 5QH
Tel. 0044(0)20-7229 8559
Fax 0044(0)20-7229 8799
w. www.carden-cunietti.com
11, 28, 83, 105 or, 120 l, 127 o, 131 r, 133 r, 137, 152 or, 153, 158 r, 171, 173 l

Garth Carter
Spezialanstriche
Tel. 0044(0)958-412953
21, 48–49, 108 l, 113 ur
Joëlle Darby
Architekt
Darby Maclellan Partnership
Unit 3, Limehouse Cut
46 Morris Road
London E14 6NQ
Tel. 0044(0)20-7987 4432
e. darby.maclellan@
tinyonline.co.uk
1, 76–77, 81 ul, 93, 114 l

Damien D'Arcy Associates
9 Lamington Street
London W6 0HU
Tel. 0044(0)20-8741 1193
Fax 0044(0)20-8563 7784
4, 12, 16 l, 32 u, 33–34, 36–37, 60 l, 61 ul, r, 63, 65 ol, or, 100, 101 or, ul, ur, 107 u, 112 ol, ur, 126, 128–129, 130, 134 ol, or, 160 r

Sera Hersham-Loftus
»Grob-Designs« und
Lampenschirme
Tel. 0044(0)20-7286 5948
38, 41 r, 48 o, 50, 51 l, 78 l, 112 Mu
Hirst Pacific
250 Lafayette Street
New York, New York 10012
Tel. 001(0)212-625 3670
Fax 001(0)212-625 3673
e. hirstpacific@earthlink.net
23, 124 or, 131 l, 140 ur, 158 l

HM2
Architekten: Projektleiter
Richard Webb, Direktor
Andrew Hanson
33–37 Charterhouse Square
London EC1M 6EA
Tel. 0044(0)20-7600 5151
Fax 0044(0)20-7600 1092
e. andrew.hanson@harper-
mackay.co.uk
56 l, 62, 84 l, or, 102 ur, 107 Mo, or, 113 o, 150 o

Mark Kirkley
Entwurf und Ausführung von
Inneneinbauten, Leuchten
etc. aus Metall
Tel./Fax 0044(0)1424-812613

Littman Goddard Hogarth
Architekten
12 Chelsea Wharf
15 Lots Road
London SW10 0QJ
Tel. 0044(0)20-7351 7871
Fax 0044(0)20-7351 4110
w. www.lgharchitects.co.uk
70, 71 ol, 154 ur

Dale Loth Architects
1 Cliff Road
London NW1 9AJ
Tel. 0044(0)20-7485 4003
Fax 0044(0)20-7284 4490
e. mail@
daleotharchitects.ltd.uk
13 Ml, Mr, 39 l, 78 r, 90 u, 95 Ml, 97 r, 113 ul, 139 ol, 152 ol, 179 ol

Marino + Giolito
161 West 16th Street
New York, NY 10011
Tel./Fax 001(0)212-675 5737
74–75, 119 ol, 127 u, 138 or, 143, 154 o, 163 ul

Andy Martin
Architekten und Designer
73 Wells Street
London W1P 3RD
e. finbox@globalneTel.co.uk
97 ul

Paul Mathieu
Innenarchitekt
Frankreich:
12 rue Matheron
13100 Aix-en-Provence
Tel. 0033(0)442-23 97 77
Fax 0033(0)442-23 97 59
USA:
7 East 14th Street, # 805
New York, New York 10003
Tel. 001(0)646-638 4531
73, 95 r, 112 or, 115, 140 Ml, 152 u

Hilton McConnico
Innenausstatter
8 rue Antoine Panier
93170 Bagnolet
France
Tel. 0033(0)143-62 53 16
Fax 0033(0)143-62 73 44
e. hmc@club-interneTel.fr
22, 145 Ml, 166, 178 ur

Jean-Louis Ménard
Architekt
32 Boulevard de l'Hôpital
75005 Paris
France
37 o, 94, 119 ur, 140 or, 141 o, 162 l, 174, 175 ul

David Mikhail Architects
68, 74 Rochester Place
London NW1 9JX
Tel. 0044(0)20-7485 4696
Fax 0044(0)20-7267 8661
w. www.dmikhail.
freeserve.co.uk
68, 102 or, 103, 110–111, 134 ul, 159

John Minshaw
Architekt und Innenarchitekt
John Minshaw Designs Ltd
Tel. 0044(0)20-7258 0627
Fax 0044(0)20-7258 0628
47 ur, 51 r, 64, 101 ol, 139 or, 141 ul, 145 Mr, 148 ur, 155, 156–157, 162 r, 179 or

**Nasser Nakib Architect
& Bunny Williams Inc.**
Decorator
306 East 61st Street,
Fifth floor
New York, New York 10021
Tel. 001(0)212-759 1515
Fax 001(0)212-759 1612
41 l, 120 Mr, 135 c, 140 ul, 164

Orefelt Associates
Entwurfsteam: Gunnar
Orefelt, John Massey, Gianni
Botsford, Jason Griffiths
4 Portobello Studios
5 Haydens Place
London W11 1LY
Tel. 0044(0)20-7243 3181
Fax 0044(0)20-7792 1126
e. orefelt@msn.com
8, 16 r, 17, 39 Mr, 53 u, 54, 122, 123 l

Caroline Paterson
Paterson Gornall Interiors
50 Lavender Gardens
London SW11 1DN
Tel. 0044(0)20-7738 2530
Fax 0044(0)20-7652 0410
20 o, 41, 104–105, 119 Ml, 138 ur, 140 Mu

Sage Wimer Coombe
Architekten
Projektteam: Jennifer Sage,
Peter Coombe, Suzan Selcuk,
Peggy Tan
480 Canal Street, Room 1002
New York, New York 10013
Tel. 001(0)212-226 9600
18 u, 99, 125 ur, 129 u, 145 r,
148 ul, 175 u

Nigel Smith
Tel. 0044(0)20-7278 8802
e. n-smith@dircon.co.uk
88–89, 111 u, 121 u

Stickland Coombe
Architecture
258 Lavender Hill
London SW11 1LJ
Tel. 0044(0)20-7924 1699
52

Sidnam Petrone Gartner
Architects
Coty Sidnam, Bill Petrone
und Eric Gartner
136 West 21st Street
New York, New York 10011
Tel. 001(0)212-366 5500
Fax 001(0)212-366 6559
e. sidnampetr@aol.com
47 or, 81 r, 119 or, 165

Seth Stein
Architekt
52 Kelso Place
London W8 5QQ
Tel. 0044(0)20-7376 0005
Fax 0044(0)20-7376 1383
e. seth@ssa.ndirecTel.co.uk
14–15, 24, 27, 30–31, 55,
65 ur, 66, 67, 69, 118, 128,
140 ol, 172 o

Alan Tanksley, Inc.
Innenarchitekten
114 East 32nd Street
Suite 1406
New York, New York 10016
Tel. 001(0)212-481 8454
Fax 001(0)212-481 8456
19 o, 47 ol, 124 ol, 138 ul

Bruno Tanquerel
Künstler
2 Passage St Sébastien
75011 Paris
France
Tel. 0033(0)143-57 03 93
2, 10–11, 20 u, 39 r, 43, 53 o,
71 ul, 81 ol, 97 Ml, 109 r,
110 ol, 114 r, 119 ul, Mu, 129 o,
133 o, 136 ol, or, 141 ur,
145 l, 149 l, 161 ul, 168, 169,
179 u, 192

Tsao & McKown
Architekten
20 Vandam Street
10th floor
New York, New York 10013
Tel. 001(0)212-337 3800
Fax 001(0)212-337 0013
26, 29, 58–59, 80, 92–93, 106,
108 r, 178 ul

Stephen Turvil Architects
41 Avondale Rise
London SE15 4AJ
Tel. 0044(0)20-7639 2212
e. Turv@space1.demon.co.uk
13 l, 19 ul, ur, 98, 119 Mr,
135 u

Urban Research Laboratory
Plantain Place
Crosby Row
London SE1 1YN
Tel. 0044(0)20-7403 2929
e. jeff@
urbanresearchlab.com
25, 120 ur, 121 u, 139 ul,
170 ol, r

Urban Salon
Architekten
Unit D
Flat Iron Yard
Ayres Street
London SE1 1ES
Tel. 0044(0)20-7357 8800
18 o, 79, 90 o, 111 o, 138 ol,
146–147, 154 ul, 161 t, ur

Heidi Wish and Philip Wish
Innenarchitektonische
Entwürfe und Ausführungen
Tel./Fax 0044(0)20-7684 8789
mobile 0410 283 611
96–97, 108–109, 119 c, 136 u,
151 ol, 166–167

Vicente Wolf Associates, Inc.
333 West 39th Street
New York, New York 10018
Tel. 001(0)212-465 0590
105 ol, 132 o, 135 o, 151 r,
163 ur, 172 u, 175 or, 178 o,
181

Personen- und Sachregister

In diesem Register weisen die Ziffern hinter den Sachbegriffen im Wesentlichen auf die Seiten hin, auf denen nähere Erläuterungen zum jeweiligen Wort zu finden sind, nicht aber jede Seite, auf der das Wort (oder der Sachverhalt) erwähnt wird. Auf Seitenangaben zu Einrichtungsgegenständen wie Badewanne, Waschbecken, Toilettenbecken, Bidet, Dusche oder Unterschrank und ähnlichen unerlässlichen Elementen, die entweder durchgehend relativ gleichmäßig im ganzen Buch erwähnt oder in besonderen Kapiteln und Abschnitten beschrieben werden, wurde weitgehend verzichtet. Hier wird lediglich auf die im Inhaltsverzeichnis aufgeführten Abschnitte zu den einzelnen Elementen wie »Sanitärobjekte« usw. verwiesen.

Bitte beachten Sie auch die folgenden Titel aus dem Christian Verlag:

ELIZABETH WILHIDE & JOANNA COPESTICK

Ethno-Style

1000 Einrichtungsideen aus Marokko, Indien, Mexiko, Japan …

Das erste Einrichtungsbuch zum aktuellen Ethno-Look mit Beispielen und Wohnideen aus 15 Ländern. Es gibt Anregungen und Tipps für die Dekoration von Wänden, Böden, Türen, Fenstern und Einrichtungsaccessoires und beschreibt 13 konkrete Projekte mit detaillierten Arbeitsanleitungen.

144 Seiten mit 281 Farbfotos.

CAROLINE CLIFTON-MOGG & FRITZ VON DER SCHULENBURG

Wohnideen mit Antiquitäten

Alt und Neu harmonisch kombiniert

Alte Objekte in moderne Wohnungen zu integrieren ist eine Frage des Stils und des Arrangements. Dieses Buch zeigt, wie Sie aus einer eklektischen Mischung von Einrichtungsgegenständen, die aus verschiedenen Zeiten und vielleicht darüber hinaus aus verschiedenen Ländern stammen, ein harmonisches Ganzes schaffen können. Die Autorin erläutert das gestalterische Know-how und das gewisse Fingerspitzengefühl, das den von Antiquitäten inspirierten Räumen zugrundeliegt, die einige der talentiertesten zeitgenössischen Innenausstatter gestaltet haben. Mit einer kleinen Stilkunde.

192 Seiten mit 424 Farbfotos und
25 monochromen Zeichnungen.

ERIK BORJA & PAUL MAURER

Zen-Gärten

Gärten gestalten im japanischen Stil

Das erste Buch, das Anleitung und praktische Ratschläge zur Gestaltung des eigenen Gartens, auch kleiner Gärten oder einzelner Gartenbereiche im japanischen Stil bietet. Kulturgeschichte und Stilkunde der Zen-Gartenkunst. Einführung in die Grundlagen der Zen-Lehre. Prachtvoller Bildband mit Detailzeichnungen und Lageplänen.

168 Seiten mit 165 Farbfotos und 23 Zeichnungen.

JOHN SUTCLIFFE

Gestalten mit Farben auf Wasserbasis

Traditionelle Anstriche und Dekorationstechniken für Wände und Möbel

Dieses Buch behandelt erstmals die traditionsreiche und gestalterisch anspruchsvolle Arbeit mit Leim- und Kaseinfarben sowie mit anderen Farben auf Wasserbasis im Zusammenhang mit dem Aspekt der Umweltverträglichkeit und Gesundheit. Der Autor zeigt die breite Anwendung dieser Farben und gibt Anleitungen zu den verschiedenen Techniken.

168 Seiten mit 255 Farbfotos und
48 farbigen Abbildungen.

ELIZABETH WILHIDE & JOANNA COPESTICK

Moderner Wohnstil

1000 Einrichtungsideen und 14 Projekte für die Gestaltung von Wänden, Böden, Fenstern und Möbeln

Der moderne Wohnstil ist großzügig, flexibel und funktional. Er verbindet klare Formen mit den sinnlichen Qualitäten von Farben und Strukturen. Eine Fülle von Gestaltungsideen und 14 praktische Projekte machen es leicht, den neuen Look ohne großen Aufwand und auch mit kleinerem Budget zu verwirklichen.

144 Seiten mit 205 Farbfotos.

STEPHANIE HOPPEN & FRITZ VON DER SCHULENBURG

Wohndesign in Blau & Weiß

Räume, Möbel, Keramik, Stoffe

Ein ganzes Universum blauweißer Wohnwelten – schlichte Stillleben, beeindruckende Porzellansammlungen und opulente Interieurs komplett in Blau & Weiß. Die Autorin führt durch sämtliche Wohnbereiche von der Küche bis zum Bad: Antike Kostbarkeiten treffen auf modernes Design. Hier können sich Blauweiß-Fans inspirieren lassen.

160 Seiten mit 190 Farbfotos und
19 farbigen Abbildungen von Gemälden.